KB185888

투기 자본주의

자본주의 투기

L'esprit malin
du capitalisme

성장의 약속은
계속될 것인가

피에르이브 고메즈 김진식 옮김

민음사

차례

일러두기

1   단행본은 『』로, 논문, 기사, 영화 등 개별 작품은 「」로,
    잡지, 학술지 등 연속 간행물은 《》로 표시했다.
2   외래어 표기는 국립국어원의 외래어 표기법을 따랐으며
    일부 관례로 굳어진 것은 예외를 두었다.
3   원문에서 이탤릭체로 강조한 부분은 고딕체로 옮겼다.

프롤로그
이 책의 의도

몇 달 전 친구 모임에서 화제가 지구의 미래로 이어졌다. 지구의 미래는 이제 아주 흔한 주제가 되었다. 사실 지구의 미래는 암울하다. 새들도 사라지고 지구 온난화도 돌이킬 수 없는 것 같고, 여러 국가의 탐욕은 더 노골적으로 드러나고 있다. 위기와 전쟁의 징조는 피어오르는데, 어떤 것도 제대로 작동하지 않는다.

이런 화제는 너무나 진부해져 버렸다. 그런데도 내가 깜짝 놀란 것은 그 자리 사람들이 대부분 동의한 다음과 같은 진단 때문이었다.

인간은 해로운 존재, 그것도 가장 위험한 존재다. 그 해로움으로 인간은 지구를 망가뜨렸다. 그래서 인간은 지구 멸망의 원인이다. 인간은 인간이 망친 자연이

저지른 하나의 실수다. 자연을 구하는 최상의 방법은
인간이 사라지는 것이다.

　물론 실제 대화가 이렇게 체계적으로 흘러가지는 않
았다. 하지만 실제로 나온 "애초부터 인간은 지구를 파괴
하는 약탈자다."라는 발언이 자명하다고 인정받은 것은
사실이다. 인간은 인간에게 해로운 늑대 같은 존재일 뿐
만 아니라, 양과 제비 심지어는 늑대에게도 해로운 늑대
같은 존재라는 것이다. 아니 인간은 인간이기 때문에 늑
대보다 더 해로운 존재다. 이런 생각에는 아무도 이견이
없을 것이다. 하지만 나는 이의를 제기하고자 한다.
　나는 인간을 모든 문제의 원인으로 보는 시각이 오늘
날 사회에서 경제가 지닌 영향력을 너무 간과하고 있다고
생각한다. 세계를 황폐화하는 인간 본성과 성향을 성토하
기 전에 오늘날 인간이 행동하고 일하는 물질적 조건을
따져 봐야 한다. 사람들이 지구를 거덜 낸 것은 인간의 본
성이 아니라 이런 물질적 조건 탓이기 때문이다. 그런데
도 지구 파괴의 주범이 인간이라고 주장하면 지금 여기서
행해지는 온갖 소비와 생산과 그 상호작용에 화살을 돌리
지 않아도 되는 장점이 있다.
　인간성을 비난하는 시각이 오늘날 세상을 지배하는
경제 숙명론에 이중으로 도움을 주는 것도 이 때문이다.

요즘 세상 사람들은 경제 제도가 제공하는 편안함에 의문을 제기하기보다는 경제 제도가 만들어 낸 재앙을 도저히 고치기 힘든 인간의 운명으로 받아들이는 경향이 지배적이다. 사람들은 "어쩔 수 없다." 혹은 "다른 대안이 없다."라고 말하다가 결국에는 "인간은 처음부터 지구를 망가뜨린 약탈자다."라고 말하고 있다. 처음부터 그랬다는 것이다. 그러니 어제오늘 일도 아니다. 이런 태도는 인간 속성을 파괴하여 인간을 몰염치한 존재로 만든 제도에 대한 비판을 인간에게 전가하는 것이다. 피해자가 가해자로 바뀐 셈이다. 인간성을 비판하는 반인본주의적 운명론과 경제 숙명론은 이런 식으로 공조하고 있다.

건축가 없이 건물을 짓는 건축업자들을 상상해 보자. 그들은 돌을 쌓아 입구를 만들고 복도와 방의 경계를 정한다. 그러면서 자신들 작업에 의미를 부여해 줄 영감을 가진, 눈에 보이지 않는 건축가를 결국 찾아낼 것이라고 느끼고 있다. 그들은 고된 시행착오를 해결해 줄 뛰어난 장인의 과정을 깊이 생각하지만 벽을 쌓아 나갈 때마다 자신들이 길을 잃고 마는 미로를 만들고 있음을 깨닫게 된다. 미로를 벗어나려고 다른 문을 열어 보고 새로운 복도도 만들어 보지만, 그럴수록 점점 더 빠져나올 수 없는 구조물에 옭혀들 뿐이다. 그러다가 그들은 신출귀몰한 정령도 별다른 해결책이 없다는 사실과 함께 자신들 앞에는 끝없는 미로만 있음을 마침내 깨닫는다. 그들이 할 수 있는 일이라곤 자신이 사라져야만 이 터무니없는 확장을 막을 수 있다고 막연히 예상하면서 계속 건물을 짓는 것뿐이다.

오늘날 경제사회 시스템과 이 시스템이 만들어 낸 불안도 같은 방식으로 생각할 수 있다. 빚에 시달리면서도 빚을 갚을 수 있는 유일한 길이라 믿는 막연한 미래를 계속 뒤따라 가는 것 외에는 다른 대안이 없다고 주장하며 미친 듯이 투기만 하고 있는 우리는 채무자가 죽지 않는 한 채무는 사라지지 않을 것임을 예감하고 있다.

그래서 나는 이 병적인 숙명론을 비판하는 글을 쓰고 싶었다. 하지만 이런 마음을 먹은 것은 삽삭스러운 충동이나 반항심 때문이 아니고, 미로를 헤매다 죽는 것이 인간 운명이라고 생각하지 않기 때문이다. 나아가 애초에 인간의 운명은 미로에서 길을 잃고 헤매는 것도 아니다. 인간이 '처음부터' 약탈자인 건 아니었다. 인간이 약탈자가 된 것은 그리 오래되지 않았다. 인간은 인내할 줄 아는 존재다.

인간이 약탈자가 된 것은 특정한 경제사회 시스템이 부추겼기 때문이다. 그런데 이 시스템의 부추김은 달콤하고 간악하며, 터무니없는 이 세상을 계속 이어 나가라는 것 외에는 겉으로는 아무 요구도 하지 않는다.

이 시스템을 나는 투기 자본주의(capitalisme spéculatif)라 부른다. 투기 자본주의가 어떻게 작동하고 우리는 여기에 어떻게 동조하며 어떻게 굴복하고 있는지, 그리하여 투기 자본주의가 어떤 과정으로 권력을 확대해 나갔는지 확인할 필요가 있다. 그리고 마침내는 일상 대화에 나타날 정도로 오늘날 도처에 퍼져 있는 반인본주의적 운명론이 투기 자본주의의 전개에 왜 필요했는지를 깨닫게 될 것이다.

이상이 나의 의문을 밝히고 나아가 이를 독자들과 공유하기 위해 정한 목표다. 이 책은 내가 앞서 출간한 『보이지 않는 노동』에서 제안했던 '탐사'처럼 시작한다.[1] 전작과 마찬가지로 이 책도 1974년 미국 연금기금 개혁이라는 사건에서 출발하여 오늘날까지 연구한다. 『보이지 않는 노동』에서 나의 의도는 금융화가 어떻게 노동문제를 은폐했는지, 노동문제를 왜 재검토해야 하는지를 밝히는 것이었다. 이번 책에서는 금융화와 디지털화가 결국 계속해서 이어지는 동일한 투기 자본주의의 변화 양상에 불과하다는 것을 밝혀내 논의를 확장하려 한다. 그러기 위해서 투기 자본주의의 특징과 그것이 경제성장과 기술혁신을 보장하는 메커니즘을 살펴볼 것이다. 또 시스템으로 정착한 투기가 번창하는 데에 필요한 '믿음의 릴레이'를 금융화와 디지털화가 어떻게 전파했는지도 알아볼 것이다.

이 새로운 탐사는 세세한 디테일보다는 전체적인 흐름에 초점을 맞춘다. 전체적 흐름은 겉으로는 모순적인 것처럼 보이는 복잡한 현상들의 관계를 설명해 주며, 경제 숙명론과 반인본주의적 운명론이 결국 동일한 시대정신에 속하는 것임을 밝혀 줄 것이기 때문이다. 모순적으로 보이기도 하는 복잡한 현상들은 오늘날 사회의 모순이나 우울한 위기를 증언하는 것이 아니라 역설적이게도 이 사회를 부추기는 투기의 광풍에 의한 것이다.

나는 이 새로운 형태의 자본주의가 행하는 미래에 대한 약속과 성공을, 더불어 사람들의 마음을 매혹하는 방식을 할 수 있는 한 가장 객관적인 방법으로 묘사하려고 애썼다. 궁극적으로는 우리가 사실이라고 믿는 것의 실체가 과연 무엇인지를 깨닫게 해 주고 싶었다. 결말 부분은 이 탐사에 열쇠를 제공할 것이다. 눈앞의 현상이 겉으로 보기에 가차 없이 전개되면 불만에 찬 우리 의식은 저항하는 법이다. 실제로 현대인의 유일한 방책은 반인본주의적 운명론에 동의하지 않고 투기 자본주의의 유혹에 굴복하지 않는 것이다. 실제 삶과 일과 상식은 이미 인간이 거대한 경제의 물결에 빨려 들어가는 것을 막아 내고 있다. 있는 그대로의 현실을 인정하는 리얼리즘으로 초대하기 위해 이 탐사의 마지막에 가서 설명할 내용이다.

1장
시작하면서

　현대 자본주의 탐사를 어디서부터 시작해야 할까? 전 세계로 전파되어 자리 잡은 하나의 경제 질서 속에 우리는 이미 수 세기 전부터 들어와 있다. 자본주의를 연구하는 시각에 따라 다양한 논리가 있다. 이 논리들은 자유주의 이념 혹은 서구의 오랜 역사에 젖어 있거나 아니면 생산이나 사회생활이나 영장류의 유전형질에 근거하기도 한다. 이렇다 보니 자본주의의 기원은 노아의 방주 시대까지 거슬러 올라갈 수도 있다. 모든 것은 모든 것 안에 있고 모든 것은 모든 것으로부터 유래하고 서로 영향을 주기 때문이다.

　하지만 특정한 사회가 어디서 유래했다고 단언할 수 있는 보편 법칙은 없다. 특히 자본주의나 후기 산업 자본주의, 자유주의나 신자유주의, 기술혁명 등과 같은 일반적인 개념으로 오늘날의 경제와 사회를 규정하는 것은 불가능하다. 물론 그런 개념들은 실제 사건들을 분류하는데에는 도움을 줄 수 있다. 어떤 순간의 정치적, 경제적 선택의 중요성을 측정하고 연관시키고 일관성을 찾게 해 주는 것이다. 요컨대 이런 일반적 개념들은 필요하다. 하지만 충분하지는 않다.

지금 이 세상을 더 잘 이해하기 위해서는 바로 이 세상을 만들어 낸 그동안에 행해진 조정과 동기화를 살펴봐야 한다. 일련의 사건들은 지금까지의 경로와 분기점과 어떤 계산의 조건을 형성했고 또 다를 수도 있었을 선택들을 낳았다. 그 결과가 특정한 시스템으로 고착된 것이 바로 지금의 사본주의다.

따라서 이 경제, 사회, 문화, 정치 시스템의 실질적인 역사를 되짚어 보아야 한다. 그러나 만사는 항상 모든 상호작용의 결과인데 이 탐사의 출발점을 어떻게 택해야 할까?

엄밀히 말해 이것은 일반적인 변화에서 특정 시점을 선택하는 관점의 문제이기도 하다. 그 시점은 기원에서부터 결정적인 사실을 파악할 수 있는 시점이어야 할 것이다. 그다음에는 경제 및 사회 질서가 형성될 때까지 다소 혼란스러운 방식으로 전개된 결과의 실타래를 풀어내야 한다.

그러므로 자본주의 시스템의 결정적인 전복이 일어

났던 1970년대 중반을 출발점으로 삼기로 하자. 전복은 너무 극적인 표현이긴 한데 갑작스러운 파열이나 대격변이라고 생각하면 될 것이다. 당시의 위기는 모든 위기가 그렇듯이 더 깊고 미세한, 눈에 보이지 않는 변화의 거품일 뿐이었다. 결정적인 것은 종종 숨겨져 있다. 가장 눈에 띄지 않는 사건은 눈에 띄지 않는다는 바로 그 점 때문에 때로는 가장 결정적인 것이 된다.

그런 중에 뭔가가 일어났다. 1970년대, 세계가 사회적 해방과 성적 해방, 석유파동과 높은 실업률로 술렁이고, '밝은 미래'이자 '넘을 수 없는 지평'인 공산주의를 둘러싼 논쟁이 벌어졌으며, 사회주의 혁명의 실현 가능성이 아니라 그 시기를 궁금해하던 때였다. 사소해 보이는 하나의 정치적 결정이 이후 우리의 생산 시스템과 사회적 기대에 지속적인 변화를 일으켰다.(이 결정에 대해서는 아직도 교과서에서 가르치치 않는다.)

뉴욕 폭발

1974년 9월 2일 미국의 포드 대통령은 종업원퇴직소득보장법(Employee Retirement Income Security Act: ERISA)을 공포한다. 겉으로는 단순히 기술적인 텍스트로 보이는 이 법은 대중적인 항의 표현도 지적 논쟁의 대상도 아니었고 포드 행정부가 발의한 일반 조직법의 하나였다. 천재는 아니었지만 선의를 지닌 것으로 유명했던 공화당의 제럴드 포드 대통령은 지미 카터에게 패배한 1976년에 역사에서 사라졌다가 2006년 대중의 무관심 속에서 죽는다.

종업원퇴직소득보장법은 ① 기업의 연기금이 자율적인 금융기관이 되었다는 것과, ② 투자를 다각화해야 한다는 두 가지를 규정했다.[1] 그 이전까지 미국 노동자의 납부금 대부분은 그 직원을 고용한 회사의 자본에 투자되었다. 1930년대에 개발된 이 사회적 재분배 시스템은 기업이 자금을 잘 운용하여 나이가 차서 퇴직하는 직원에게 연금을 지급하는 효과 좋은 시스템이었다.

그런데 1930년대의 위기를 겪으면서 만들어진 이 연금의 약속은 은퇴 연령이 낮아지고 기대 수명이 늘어나 수급자 수가 증가해도 장기적으로 지켜져야 했다. 직원의 예금을 고용 회사의 자본에 두는 것은 이중의 위험이 있었다. 한편으로 회사가 파산하면 직원들은 일자리와 미래의 연금을 모두 잃게 된다. 다른 한편으로는 회사의 성장이 납부된 예금을 늘리기에 충분하지 않으면 적절한 연금을 받지 못할 수 있다.

두 번째 위험에 대해 더 깊이 파고들어 보자. 이 연금 개혁이 낳은 뜻밖의 결과를 이해하는 것이 우리 탐사에 결정적이기 때문이다. 수백만 명의 퇴직자에게 더 늘어난 연금 약속을 실현하기 위해서는 현재의 직원뿐 아니라 현재와 미래의 연금 수급자에게도 충분한 소득을 생산 경제가 창출해야 했다. 그러므로 부의 생산은 끊임없이 계속 늘어나야 한다. 직원이 납부금을 저축한 기업이 자본을 투자하고 관리하는 한, 연금 약속은 그 회사가 창출한 부의 영향을 받을 수밖에 없다. 이리하여 실물경제와 금융경제가 겹치면서 서로를 제한하게 된다.

종업원퇴직소득보장법은 앞서 언급한 위험을 피하기 위해 이 연관성을 끊으려 했다. 기업이 파산하면 직원은 모든 것을 잃고 기업의 성과가 좋지 않아도 많은 수입을 얻지 못하게 되는 위험 말이다. 바로 여기에서 아주 상식적인 생각이 나온다. 기업에서 연기금을 분리해 자율적인 금융기관으로 만든다는 생각이다. 모든 계란을 한 바구니에 넣지 말라는 아주 간단한 원칙에 따라 투자를 다양화하도록 요구한다. 따라서 자율성을 얻게 된 연기금을 처리할 방법이 필요했는데, 연기금을 상장 기업의 자본금 속에 넣는 것으로 해결했다. 증권거래소에서는 필요할 때나 위기 혹은 의심 시에 주식을 쉽게 사고팔 수 있는데 경제학자들은 이를 시장의 유동성이라고 부른다.

그 결과 1970년대 중반부터 미국 가계 저축의 상당 부분이 주식시장에 투자되었다. 자신들의 연금이 바로 상장 기업의 자본 수익에서 나온다는 것을 알게 된 연금 수급자와 미래의 연금 수급자들은, 물론 개미투자이지만, 엄청난 수의 '자본가'가 되었다. 그 뒤로 수백만의 사람들이 더 나은 은퇴 생활을 보장해 줄 자료를 찾으려고 매일같이 경제 신문의 주가 지표를 면밀히 조사하게 되었다.

나는 종업원퇴직소득보장법이 우리 경제와 사회를 결정적으로 변화시켰다고 말하는 것이 아니다. 그 법안은 아무것도 결정하지 않았다. 그것은 다른 사건들과 연결되어 은밀하게 땅속에서 지진을 유도한 하나의 사건일 뿐이다. 그런데 이 사건은 우리가 살펴볼 다른 사건과 정치적 주장, 사회적 약속을 잘 반영하고 있다. 이것이 내가 이 사건을 탐사의 출발섬으로 삼는 이유다.

주식시장의 동기화

1975년부터 우리는 증권 거래의 폭발적 성장과 증권 거래의 자유화, 즉 뉴욕의 빅뱅을 보게 된다.[2] 포드의 연금 개혁은 아주 특이한 자본화를 통한 연금의 금융제도화만을 고려했음에 틀림없다. 당시 연구자들은 종업원퇴직소득보장법이 특별하게 미국적인 문제에 대한 미국 정부의 기술적 대응일 뿐이라고 생각했다. 재분배를 통해 퇴직금이 지원되는 국가는 퇴직연금이 현역 노동자의 기여금으로 지급되기 때문에 이 개혁의 영향을 받지 않는 것처럼 보였다. 미국 금융 시스템의 개혁은 1970년대의 순진한 흥분 속에서 눈에 띄지 않고 지나갔다.

그러나 이것은 지하의 작은 움직임이 특정 조건에서 우주적인 효과를 일으킨다는 사실을 간과한 것이다. 이 움직임은 고립되어 보이는 행성들의 공조를 강화하고 같은 시스템에 충분히 통합시킬 수 있다.

연금의 자본화 시스템은 영국, 스칸디나비아 국가, 스위스 같은 여러 유럽 국가와 일본 같은 아시아 국가에도 있었다. 같은 문제에 똑같은 답을 내놓았기 때문이다. 가계 저축을 주식시장으로 전달하자 런던과 스톡홀름과 도쿄에서 차례로 빅뱅이 일어났다. 미국의 물결이 퍼진 것이다. 왜 이렇게 되었을까?

기업들은 도처에서 경쟁에 직면했고 특히 무역 전쟁에서 살아남기 위해서는 금융 자원이 절실했다. 1970년대 경제 위기 속에서 자국 기업의 수출을 촉진하기 위해 각국 정부가 자유무역을 전면적으로 장려했을 때 더욱더 그러했다. 그 결과 외국 기업과의 경쟁에서 자국 기업을 보호하던 규범도 해체되었다.

'자유화'와 '시장 개방' 환경에서는 주식시장에서 더 많은 금융 자원을 확보한 경쟁 업체가 더 많이 투자하고 기술혁신도 더 많이 하게 된다. 그런 업체들은 다른 업체보다 경쟁 우위를 얻는다. 제품 경쟁은 금융 자원 확보 경쟁과 만난다. 자국 기업이 금융 자금 확보를 지원하도록 허용하지 않는 국가는 기업들을 어려움에 빠뜨렸다. 시장 자유화, 뮤추얼 펀드 같은 새로운 금융 상품의 창출, 국내 기업에 새로운 금융 자금을 조달하기 위한 주식시장의 국민 저축 문호 개방과 같이 연금의 금융화와 무관한 일련의 새로운 빅뱅이 사회당의 프랑수아 미테랑 대통령 집권 하에서 펼쳐진 것도 이 때문이다. 이리하여 1970년 프랑스 국내총생산(GDP)의 15퍼센트를 차지했던 파리 증권거래소의 시가총액은 2018년 프랑스 GDP의 110퍼센트에 달하게 되었다.

이런 과정이 끝나 갈 무렵, 국민의 가계 저축은 엄청난 양에 이르렀다. 너무 위험하지 않은 투자처를 보장하기 위해 각국 증권거래소에서 충분히 안전한 증권을 찾는 게 어려울 지경이었다. 자본의 투자 기회도 소수의 상장 회사로 한정되었다.[3] 따라서 투자자들은 다른 투자처를 찾아야 했다. 세계 곳곳에서 일어난 빅뱅이 자본 투자의 규칙을 획일화하고, 그 결과로 금융의 글로벌 통합이 일어난다. 각 국가에 모인 가계 저축은 글로벌화된 금융 시스템으로 쏟아져 들어간다. 그래서 프랑스 주요 기업 자본의 45퍼센트는 외국 투자자가 보유하고 있다.

전 지구상에서 무차별적이고 막강한 현금이 이곳저

곳으로 흘러 다니기 시작한다. 매일 수천억 달러가 거래되는 카지노에서 도박사들은 자기 소유가 아닌 돈을 베팅하고 이를 보는 일반 예금자들과 투자자들에게 기적의 잭팟을 꿈꾸게 한다. 남은 일은 이 게임이 허상이 아니라고 믿게 만드는 것이다.

2장
스프레드시트 기업으로의 변신

실물경제와 금융경제를 분리해서 말하는 것과 달리 금융은 별도의 환경에서 움직이는 것이 아니다. 투자자에게 저축을 맡긴 사람들은 투자자가 힌 약속을 헤가 바뀌어도 숭배하고 있다. 투자자가 관리하는 예금을 유망한 회사 자본에, 다시 말해 수익을 창출하거나 자본 가치를 향상시킬 가능성이 있어 보이는 회사에 투자하는 것도 이 때문이다. 이런 식으로 저축자에 대한 약속이 기업의 활동까지 연결된다.

약속의 전가

상장 기업의 활동을 통제하기 위해 금융기관은 1980년대 중반에 주식 상장을 지속적으로 일반화해 나갔다.

주가는 매수와 매도 주문, 즉 투자자의 이익 베팅에 따라 중단 없이 언제든지 변동한다.

그래서 주식 가격은 한 달, 일주일, 심지어 하루 동안에도 큰 폭으로 변할 수 있다. 대중은 상식적으로 그토록 불규칙한 주식 가격이 실물경제와 기업의 업무에 영향을 미치지는 않을 것이라고 생각한다.

카지노 도박사들은 매일 예측하고, 걱정도 하고, 실수도 하고, 그때그때 수정도 한다. 물론이다. 그런데 무슨 일이 일어나는가? 주식 가격이 한 방향으로 너무 많이 움직이면 투자자들이 '현실로 돌아와서' 가격이 다른 방향으로 움직이도록 마음을 바꿀 때까지 기다리는 것으로 충분하다. 그럼에도 단기간의 기업평가 지표에 왜 그렇게 노심초사하는 것일까?

상식은 때로 틀릴 수도 있다. 무엇보다도 모두 알다시피 투기자들은 '현실'을 직시하려는 생각 자체가 없기 때문이다. 그들은 자신이 바라는 기존의 약속과 바라던 것이 실현될 수 있는 주가 지표 그리고 이 지표를 다른 투기꾼들은 어떻게 해석하는지에만 관심이 있을 뿐이다. 그들에게 중요한 것은 이익에 대한 약속 간의 경쟁이며 이 경합에서 생겨나는 희망이다.

물론 현실은 얼마 안 가서 그들을 따라잡는다. 수익 약속이 실제로 지켜지거나 유지되지 않기 때문이다. 그사이에 투기는 기업에 직접적인 영향을 미친다. 왜 그럴까?

자본주의 경제에서 기업의 자본 가치는 은행 부채와 상관관계가 있다. 개인과 마찬가지로 기업은 은행에 상환을 약속하면서 이 약속이 합리적이라는 것, 즉 성과가 부실할 때 상환 불능에 빠지지 않을 수 있는 확실한 담보가 가능한 자기 자산이 충분히 있음을 보증해야 하기 때문에, 섣불리 부채를 질 수가 없다. '부자에게만 빌려준다'는 말은 개인에게만 해당되는 것이 아니다.

기업의 재산은 자본이다. 논리적으로 증권거래소에 상장되어 있으면 회사의 재산이 변하고 그와 동시에 상환 능력도 변한다. 주가가 상승하면 회사는 더 부유해 보이고 부채는 더 잘 보상된다. 그러나 주식 가치가 떨어지면 기업의 부가 급격히 줄어들면서 과다한 부채를 지고 있는 것처럼, 즉 잠재적으로 부채를 갚을 수 없는 것처럼 보이게 된다.

그래서 기업은 주가 하락이 장기간 지속되면서 기업의 지속 가능성에 대한 의구심이 글로벌 카지노의 투자자뿐만 아니라 은행가나 공급 업체와 같은 모든 이해관계자들 사이에게 떠도는 것을 막아야 한다. 따라서 기업은 주주들에게 그들이 잘못 생각하고 있으며 주가가 저평가되고 있다는 증거를 제시해야 한다. 보다 구체적으로 기업은 높은 수익과 함께 배당금을 지급할 것을 보장해야 하는데, 이 역시 결국 기업의 주가를 끌어올려야 한다.

상장된 기업은 이런 식으로 주가에 의해 유지되고 있다. 기업은 투자자의 의견에 종속되고 지속적인 불안을 피하려고 긍정적인 신호를 내야 한다.

기본적인 메커니즘을 거론하는 것에 대해 독자들에게 용서를 구한다. 그러나 이 메커니즘은 그 구속력이 보이지 않을 정도로 너무나 기본적인 것이라서 지적하지 않을 수가 없다. 기업 자본의 아주 작은 부분이 시장 변동성에 종속되더라도 이 작은 부분이 회사의 모든 주가 그리고 앞서 설명한 메커니즘에 따라 기업의 재정 건전성을 결정한다. 달리 말하면, 기업이 자기 자본의 아주 작은 부분이라도 상장하면 그때부터 모든 자본 가치는 자기 통제에서 벗어나 버리고, 기업의 신뢰를 유지하기 위해서 금융계의 표현과 기대에 따라 성과를 조정해야 한다. 이렇게 해서 상장 기업들은 좋든 싫든 간에 금융계와 동기화된다.

자원 유치 약속

기업 상장에 따르는 제약에는 장점도 있다. 기업은 자금을 조달하고 개발 자금을 확보할 수 있어서 제약을 기꺼이 받아들이는데, 이것은 경쟁에서 앞서갈 수 있는 방법이기도 하다. 투자자들의 기대에 반응하는 것이 아니라 성과 약속으로 유혹하여 금융 자금을 끌어들이기 위해 금융 시장과 동기화하는 두 번째 이유가 여기서 나온다.

경쟁하기보다는 더 멋진 성과를 약속하는 것이다. 어느 한쪽의 투기에는 다른 쪽의 투기가 반응을 한다. 상장 기업이 새로운 제품과 시장과 혁신을 예상하면 투자자의 눈이 반짝인다. 투자자들은 예상을 믿을 수도 있고 믿지 않을 수도 있다. 만약 믿는다면 자금을 조달하고, 그러면 기업은 자원을 얻고 더 많은 부채를 지고 성장할 수 있는 수단을 갖게 되면서 약속을 이행할 기회가 생긴다. 예상이 저절로 이루어지는 것이다. 여기서 투기의 특성이 드러나는데, 바로 미래에 실현될 부에 의해 현재의 비용이 미미해지는 그런 미래를 바라는 것이다.

유혹자의 성공 가능성

약속을 정확하게 지킬 수 있는 자금을 유치하기 위해 투자자에게는 어떻게 수익을 보장할까?

여기에는 세 가지 방법이 가능하다. 첫 번째는 더 나은 제품을 내놓거나 조직을 더 효율적으로 운영해 경쟁사보다 더 많은 성과를 달성하는 것으로, 정말 고전적인 방법이다.

　두 번째 방법은 더 정교한데, 금융 지원을 이용하여 경쟁사를 매입하고 투자자에게 후속 이익을 약속하는 것이다. 전략가들이 인수합병(M&A)이라 부르는 주식공개매입은 시장에서 지배적인 위치를 차지하고, 인수한 기업과의 '시너지'를 예상함으로써 수익성이 더 높은 조직을 약속한다.

　자본 투자자에게는 이중 투기가 가능해진다. 첫째는 인수합병의 성공 또는 실패 가능성이고, 둘째는 성공 시 새 그룹의 성과 수준에 대한 도박 가능성이다. 이에 기업 인수합병이 폭발적으로 증가하는데, 전 세계의 연간 인수합병은 1985년 2676건에 3470억 달러 규모였던 것이 2017년에는 5만 건에 3조 9000억 달러 규모로 늘어났다.[1]

　결과적으로 경제 부문 '통합'을 위해 금융 수단을 사용하면서 세계적인 거대 기업이 출현한다. 생산의 전면적인 집중은 의심할 여지 없는 현대 자본주의의 가장 놀라운 특징이다. 실제로 상장 기업의 수가 급격히 감소했는데, 인수합병이 주요 원인이다. 미국에서는 1996년 7000개였던 상장 기업 수가 2016년에는 4000개로 줄어들었으며 프랑스에서는 720개에서 465개로 줄어들었다.[2] 동시에 세계 100대 상장 기업 시가총액은 하위 2000개 기업보다 1995년에는 31배였던 것이 지금은 7000배로 증가했다. 거대 기업의 규모와 지배적 지위에서 나온 이익은

2009년에서 2015년 사이에 40퍼센트 증가했다.[3] 프랑스에서는 1992년과 2015년 사이에 겨우 84개의 대기업이 전체 자본 증가의 90퍼센트를 흡수했다.[4] 세계 다른 곳과 마찬가지로 프랑스에서도 시민들의 저축으로 대기업의 규모가 커졌다.

인류 역사에서 이러한 자본의 축적과 사적 권력의 집중은 결코 없었다고 말해도 지나치지 않다. 모든 부문에서 '글로벌 경쟁'에 대처할 수 있는 '규모의 리더'가 등장했다. 지구적 규모의 거대 기업이 수백만 지역 기업을 지배하고 중소기업은 이에 타협해야 하는 '새로운 경제의 비결'이 그룹화 전략을 합리화하는 키워드가 되었다. 독과점으로 통제되는 생산의 세계화는 금융 세계화가 낳은 예상치 못한 결과였다.

투기적 혁신

마지막으로, 자본을 유치하는 기업의 세 번째 가능성은 바로 지속적인 혁신이다. 경쟁사보다 더 잘 제조하는 방법을 모르거나 매입할 경쟁자가 없을 때, 전대미문의 혁신은 새로운 수익의 가능성을 꿈꾸게 하여 금융 카지노에게 약속을 할 수 있게 한다. 이것은 투자자들로 하여금 다른 투자자보다 먼저 좋은 거래를 냄새 맡게 부추긴다.

이리하여 1990년대 이후로 기술혁신과 구조 조정의 물결이 이어졌다. 물결이 너무 자주 일어나다 보니 새로운 기술과 끊임없는 조직 개편은 기업 문화의 일부가 되어 버렸고 이로 인해 우리는 기술 노후화의 가속화가 빚어내는 회오리바람 속에서 살아가고 있다. 이 지속적인 변화의 역학이나 내용을 파악하는 것이 우리의 의도는 아니다. 여기서는 금융 자원을 끌어들이기 위한 혁신과 투기적 경쟁의 동기화를 강조하는 것으로 충분할 것이다.

집중적인 기술혁신은 이윤 투기의 한 형태일 뿐이다. 또 다른 방법은 경쟁사보다 더 빨리 사업 모델과 제품을 변경하고, 자신과 경쟁하여 프로젝트를 수정하고, 구조를 변형하고, 조직을 변경하고, 흔히 하는 말로 '파괴적 혁신'을 위해 스스로 자기 배를 불태우면서 만들어 낸 매혹적인 미래에 빠져드는 것이다.[5]

기업을 선동하는 브라운운동은 오늘날 '민첩성'이라고 불리는 영구적인 구조 조정을 강요하며 전략을 고취시킨다. 조직이 '변화'한다는 단순한 사실이 더 나은 효율성과 더 큰 잠재적 가치를 약속한다. 물론 베팅과 투기를 가능케 하는 것이 무엇인지, 또 투자자에게 어필하는 것이 정확히 무엇인지를 항상 알 수는 없다. 더 수익성 있는 무언가가 출현할 기회를 위해서 기업이 변화해야 한다는 것이다. 기술적이든 조직적이든 수많은 혁신이 분명 실패하지만 이런 움직임이 약화되지 않을 만큼은 성과를 거둔다. 이때 베팅이 성공하고 이리하여 혁신에 대한 투기에 힘이 실린다. 변화에 대한 새로운 약속이 베팅과 성장에 대한 기대를 지속하기 위해 만들어지고, 이런 식으로 기업 자체에서 투기가 계속된다.

금융화

정리해 보자. 상장 기업과 금융기관이 동기화되는 이 시스템은 이중의 결과를 낳았다. 첫째는 경제력 집중으로, 2020년까지 전 세계에서 10여 곳의 금융 중심지와 수천 개의 거대 기업으로 축소되어 있다. 이것은 생산수단의 축적과 집중을 의미한다. 둘째는 사람들을 안정적 루틴에 빠지지 못하게 하는 전면적인 투기의 확대다. 이것은 기업과 경제 관계의 지속적인 동요와 변화를 낳았다.

이런 새로운 변화를 금융화(financiarisation)라고 부를 수 있다. 이 메커니즘은 금융 논리의 반전에 기반하고 있다. 금융이 기업의 생산을 지원하는 것이 아니라 반대로 금융의 기대가 기업 활동을 주도한다. 막대한 금융 자원의 획득이 생산자의 전략을 결정짓는다. 이것은 시간의 화살표가 도치된 현상이라 할 수 있다. 장래의 이익은 기술이나 조직의 급격한 변화로부터 예상되는 것이기에 아직 실현된 것은 아니다. 이것은 현재 투자자의 기대를 자극하는 개방적인 관점으로 회사의 가치를 증대시키는 방법이다. 따라서 미래 수익 가능성에 대한 베팅 덕분에 오늘의 투자가 행해진다. 투기의 거울 게임이다.

그러나 이 신뢰 게임이 지속되려면 미래에 대한 약속이 유형의 가시적인 결과로 이어져야 한다. 그렇지 않으면 의심과 공황이 투기의 세계를 위협할 것이다.

기업 내 생산과 노동의 동기화

사모펀드 투자자들이 회사 성과에 대한 정기적인 보고를 요구하는 것도 이 때문이다. 자신에게 맡겨진 투자금을 보호하려 한다면 이렇게 하는 것이 그들의 의무 아니겠는가? 투자금이 약속된 대로 보상받을 수 있도록 보장하는 것 말이다. 그래서 상장 기업에 대한 수익 예측은 처음에는 6개월마다, 그 후에는 분기마다 발표되다가 이제는 수시로 발표되고 있다. 지속적으로 행하는 증권 거래에서 투자자들은 이 모든 정보를 이용한다. 다른 투자자보다 먼저 해독한 정보에서 나온 것이든 전술적인 계산에서 나온 것이든, 모든 것이 더 많은 수익을 얻기 위한 해석의 모티브가 된다.

믿을 만한 정보를 제공하기 위해 기업은 정보 추출 시

스템을 설정한다. 관리 시스템과 정보 시스템은 수익을 기대하는 기업에서 일어나는 모든 정보를 정의하고 수집하고 또 집계한다. 1980년대부터 전문가들은 작업의 객관적 정황을 시간, 속도, 체중, 기간, 금액, 고객과 환자의 수, 세율, 비율과 같은 수치 데이터로 변환하는 것을 주된 임무로 삼았다. 실제 기업은 추상적이고 수량화된 거대한 스프레드시트를 겸하게 되었다.

스프레드시트 기업은 투자자에게 한 수익에 대한 약속이 지켜질 것이고 성과가 충분할 것이며 그래서 직원들에 의해 중간 목표가 달성될 것임을 보장한다. 정보 시스템은 단순히 데이터를 추출하는 것에 만족하지 않는다. 이것은 필연적으로 목표를 설정하고 규정하고 활동을 통제하는 시스템이 된다. 정보 시스템은 예상 결과를 설정하고, 편차를 계산하고, 이득과 비용을 추론하고, 일탈에 대비한 경고 시스템을 만들어 낸다.

그래서 관리자들은 수많은 설명을 하고(그 많은 보고서들), 목표를 조정하고(그 숱한 회의들), 성과를 보장하면서(그 무수한 평가들), 정보 시스템에 자료를 제공해야 한다. 관리자들은 직원들의 구체적인 업무를 장려하거나 안내하는 것이 아니라 스프레드시트 기업 운영에 필요한 데이터를 채우는 데 점점 더 많은 시간을 소비하고 있다.[6] 대부분의 결정이 내려지고 전략이 개발되고 투자가 제공되는 것은 거의 모두 이 자료에서 시작한다. 그런데 이것은 실제 작업이 아니라 기업 상황을 말해 준다고 주장하는 숫자들이다.

숫자를 위한 노동

실제로 노동자는 자신의 작업을 규정하고 의미를 부여하는 스프레드시트의 무수한 화면과 비율과 숫자와 곡선을 통해서 드러난다. 더 정확하게 말하면 그는 우리 눈에 띄지 않는다. 기본적으로 그의 작업은 자신과 동료 혹은 고객에게만 관련되기에 우리 눈에는 보이지 않기 때문이다. 그러나 각자는 자신의 위치, 행동 및 성과를 정하는 숫자의 그물에 연결되어 있다. 스프레드시트 기업은 결과, 정확히 말하면 일련의 중간 결과를 형성하는 수천 개의 다른 결과들과 연계된 결과이자 수익성 약속이 지켜질 것을 보여 주는 최종 결과에만 관심이 있다. 이 모든 것이 흔히 말하는 업적(performance)이라는 것을 이룬다.

일하는 곳마다 관찰하고 제어하는 화면이 설치되어 있다. 이를 통해서 연례 평가와 예산과 목표가 전달된다. 또한 제조 상품 수와 전화 상담 고객 수나 소요된 시간도 '실시간'으로 통보된다. 심지어는 회사 화장실을 청소하는 사람의 숫자와 걸린 시간도 보고된다. 이제는 고객이나 결정권자나 공급 업체나 청소 업체를 만나지 않고도 일을 할 수 있다. 모든 수치는 집계되고 연결되어 기준 및 목표와 비교된다. 이 모든 것이 기대치를 생산한다. 피라미드의 맨 꼭대기에서는 보고서를 살펴보고 스프레드시트의 데이터를 관찰하고 비교하고 결정하여 목표를 수정하고 결과를 공표한다. 피라미드 아래쪽 사람들은 요구되는 업적을 실현한다. 반면 숫자와 비율이 이 배열에서 벗어나는 사람들은 이제 과거의 장인들처럼 사라진다.

물론 이것은 금융화된 기업의 대략적인 양상만 묘사한 것이다. 실제로 기업 활동이 이렇게 압축되는 것은 아니다. 그것은 실제로 애를 쓰는 시간과 관계와 접촉이라는 현실, 고군분투하는 육체와 우정 및 적대감, 즉 실제의 삶에 기반하고 있다. 그러나 이 실제의 삶은 기업의 금융화를 지배하는 논리가 되지 못한다. 이런 환경 속에서 작업은 개인의 범위를 벗어나 있는 전체 성과에 대한 숫자와 추상적인 제약 조건을 관념적으로 따르게 된다. 오늘날 조직에서 스프레드시트 기업은 투명하고 유능하고 집요한 정보로 이루어진 복잡한 미로와 같다.

이렇게 해서 실제로 일하는 사람도 모르고 때로는 관리자도 모르는 사이에 새로운 동기화가 생겨나는데, 이 동기화는 기업 내에 영향을 미친다. 이번에는 경영진도 투기적으로 변한다. 오늘의 성과는 통제된 과정에 따라 어제의 성과에 의해 조정되는 것이 아니라, 자원 경쟁에서 약속하는 미래의 성과와 동조되어 있다. 그런데 어떠한 일이 있어도 도달해야 하는 이 미래 성과는 경쟁 기업의 업적과 변덕스러운 투자자들의 의사에 따라 변하고, 때로는 다음 사례에서 보듯이 리더의 영감에 따라 변하기도 한다.

2018년에 내가 관여했던 한 기업은 2022년의 '전략적 목표'를 '2022년 20억'으로 정했다. 4년 만에 20억 달러의 매출을 달성하겠다는 것인데 이는 거의 30퍼센트의 연매출 성장을 의미했다. 그 기업의 팀들을 만났을 때 나는 이 목표를 달성할 수 없을 뿐 아니라 이런 수치가 불가능하다는 것을 모두가 알고 있음을 깨달았다. 게다가 기업의 채용과 해고, 비용 절감, 점검 및 평가 모두 이 유명한 목표와 맞지 않았다. 하지만 직원들은 능력 밖의 목표를 달성하기 위해 최선을 다했다. 이런 사실을 리더에게 보고하면서 "왜 20억 달러인가요?"라고 물었을 때 그는 살인적인 솔직함에서 나온, 내가 들었던 가장 매력적인 답변을 해 주었다. "그게 22와 잘 어울리는 딱 떨어지는 숫자 잖소." 불가능한 목표에 도달하려고 진이 빠진 직원 수백 명의 삶을 뒤집어 놓은 것은 결국 '딱 떨어지는 숫자'의 미학이었다. 이어서 그는 "기업이 잘나가기 위해서는 주주들에게 이런 수치를 제시해야 했소."라고 덧붙였다. 솔직히 말해서 주주들이 그런 수치를 요구했는지는 잘 모르겠다. 그러나 분명한 것은 주주들이 그 수치를 받아들여 목표가 정해졌다는 것이다. 다른 사람들도 그 목표를 따라야 했다. 잘나가는 기업이 되어야 했기 때문이다. 그리고 경쟁사의 다른 노동자들도 다른 '딱 떨어지는 숫자'에 도달하느라 탈진해 있었을 것이다.

기업 간 동기화

지금까지 자본시장과 상장 기업 내에서 일어나는 기업 동기화에 대해 살펴보았다. 상장되지 않은 많은 기업에는 이 메커니즘이 어떤 영향을 미칠까? 전 세계에서 거우 5만 개의 기업이 상장되어 있고 2만 개 기업이 실제로 시장에 의존하는 반면에 수천만 개의 기업은 상장되어 있지 않다는 것을 이미 앞에서 보았다. 상장되지 않은 수많은 기업들은 수익 약속과 '딱 떨어지는 수치'라는 금융 투기의 논리를 피하고 있다고 보는 것이 상식일 것이다.

하지만 여기서는 상식이 통하지 않는다. 비상장 기업의 이 뜻밖의 적응에 대해 적어도 세 가지 이유를 들 수 있다. 첫째, 비상장 기업은 대부분 상장 대기업의 자회사나 하청 업체거나 고객사다. 이들은 상장 대기업에 자신의 성과 목표를 보고하는데, 원청회사인 상장 대기업은 이들

하청 업체에 프로세스를 배포하면서 표준을 준수하고 자신과 호환되는 관리 도구를 사용하도록 요구한다. 여기서 기업 관리의 규격화 혹은 표준화가 나온다. 둘째, 독자적인 비상장 중소기업은 금융기관으로부터 더 많은 자금을 지원받는 상장 대기업과 그 자회사와 경쟁해야 한다. 그래서 이들 기업도 가격과 공급과 성과를 맞출 수밖에 없다. 셋째, 비상장 기업이 사모펀드에서 일부라도 자금을 조달받는 경우, 사모펀드는 수익성이 더 높은 회사에 투자했을 때 벌어들일 수익과 비교해 회사 수익을 계산한다. 따라서 비상장 기업은 가장 유망한 결과에 맞춰 스스로를 조정해야 한다. 이렇게 해서 투기가 널리 퍼진다.

자금이 부족할 때 추가 자원을 받을 수 없는 병원이나 학교 같은 공공 기관에 대해서는 정부가 민간 참여를 장려했다. 민간 자본의 압력이 영향을 미치게 된 것이다. 국가는 자체 보조금을 줄이기 위해 높은 수익성을 요구한다. 특히 상장 기업을 위해 개발된 경영 시스템이 다른 기업과 민간 또는 공공 기관에도 적용되었다. 공공 기관은 모방을 통해 자기 나름의 스프레드시트 조직이 되고 말았다.

투기는 보편화된 비교를 기반으로 한다. 이동성과 수익성이 가장 높으며 언제나 가장 유망한 항목에 따라붙는다. 재화와 서비스의 증식으로 공고해진 물질사회에서 모든 생산 현장은 동일한 표상을 따르고, 항상 도래할 '현대화'를 위해 자신을 동기화하고 변형하려는 경향이 있다. 등급과 비교는 '좋은' 관행을 표준화하는 수단인데, 이런 관행은 사회, 경제, 문화와 같은 모든 영역에 풍부하게 있다. 몇 가지 추상적인 결과와 '딱 떨어지는 숫자'로 제시되는 목표로 축소된 작업 관리가 상장 기업을 넘어서 기업 대부분과 정부, 병원, 학교 및 대학, 언론 기관, 심지어 군대까지 퍼진 것도 이 때문이다.

3장
상인과 테크노크라트

이렇게 해서 점차 모든 것이 금융 투기에 맞춰 조정되기 시작한다. 그러나 이것은 마술이 아니다. 사회는 저절로 혹은 영감을 받은 소수의 천재에 의해 생겨나지 않는다. 실재하는 개인들이 각자의 자리에서 일했고 이것이 지금의 금융화되고 투기적인 경제를 만들어 냈다. 그들은 그 안에서 의욕이나 흥미, 심지어 잘하고 있다는 느낌을 얻었다. 사람들은 사전에 알고 있던 분명한 개념을 바탕으로 새로운 세계를 계획하지 않았다. 밀실에서 세상을 변화시킬 음모를 꾸미지도 않았다. 그것은 작은 손길과 부차적인 원인에 의해 생겨났다. 하지만 타인을 대신해서 경제 절차를 편성할 정당한 권한을 가진 사회 구성원 때문에 생겨나기도 했다. 이제 그들에게 관심을 집중해 보자.

사회 구성원

현대인의 마음에 확고히 자리 잡은 미신 중 하나는 우리가 '시장경제' 속에 살고 있다는 것이다. 이 미신 속에서 사람들은 대개 사회의 규제와 변형은 다양한 시장의 결과로서 궁극적으로 자연 발생적이고 자율적이며 만든 자도 없고 사회 구성원들의 관계를 조직하는 주체도 없는 위대한 행진의 결과라고 믿는다. 위대한 제도주의 경제학자 칼 폴라니가 보여 주듯이, '시장'이 기적적으로 인간사를 이끈다는 믿음은 역사적, 과학적 반증에 부딪힌다. 그런 믿음은 이데올로기의 산물로 자기 이익에 부합한다.

그러나 우리가 관찰할 수 있는 오늘날 사회의 이야기와 사실의 중요성을 놓치지 말자. 지금까지 살펴본 역사적 전개에서 우리는 그 유명한 '보이지 않는 손'의 경이로움을 목격하지 못했다. 실제로 일어난 일은 다음과 같았다. 미국 관료들이 종업원퇴직소득보장법을 준비했고, 의회가 통과시켰고, 미국 대통령이 이를 공포했다. 펀드매니저와 재무 분석가들은 금융 상품을 만들고 판매하고 관리하기 위해 애를 썼다. 대학 강의는 금융 기법을 가르치고, 연구원들은 가격 결정을 이론화했으며, 입법부는 무역을 자유화했고, 기업 임원과 이사회는 회사를 주식시장에 상장했다. 다른 사람들은 자금 제공자의 기대에 부응

했고 또 다른 사람들은 그들에게 이익을 보장했다. 정보 시스템 관리자와 전문가들은 기업 스프레드시트의 지표와 매트릭스를 구축했고, 엔지니어들은 '주주 가치'를 강조하는 정교한 관리 시스템을 개발했다. 경제학자나 언론인은 책과 기사를 통해 이런 새로운 조직과 새로운 경제 등을 찬양했다.

그래서 나는 구체적인 행위자들의 작은 기회주의적 손길을 통한 일련의 동기화가 있었다고 생각한다. 그들이 기회주의적 이익을 추구했거나 어떤 이상을 따랐는지 여부는 중요하지 않다. 일부는 가계 저축과 상장 기업의 자본을 연결하여 자금 조달을 통제하고 그로부터 이익을 얻는 방법을 찾아냈다. 다른 사람들은 회사 성과를 모니터링하는 도구를 개발하여 수익을 올렸다. 또 다른 사람들은 시스템을 유지하는 정보 기술을 전문으로 하고 있다. 학자들은 이러한 변환을 이론화한 논문을 발표했다. 그들 사이의 연결 고리는 '시장'이 아니라 투기 정신이고, 그들이 아마도 무의식적으로 그러나 양심적으로 봉사한 것은 미래의 이익에 대한 기대였을 것이다.

상인의 힘

역사가와 제도주의 경제학자 그리고 이데올로기의

우위를 필요 이상으로 인정하지 않고 확실한 사실을 관찰하는 사람들은 시장경제가 본질적으로 상인 경제라는 점을 설득력 있게 보여 준다.[1]

수 세기 동안 지속된 자본주의 이전 경제에서 생산은 마을이나 도시 같은 폐쇄된 공동체에서 자체 소비되었다. 사물의 공정한 가격은 사람들 사이의 관계, 사회적 신분, 도덕적 가치, 정의로운 질서에 대한 상식에 따라서 정해졌다. 예를 들어 과부와 고아에게는 더 싸게, 부유한 지주나 이방인에게는 더 비싸게 팔거나 물물교환을 했다. 모든 공동체는 각기 고유한 가치와 전통 및 표준을 갖고 있었다.

가격이 공동체를 벗어나기 시작한 것은 외부에서 교역품이 들어오면서였다. 예컨대 중세 상인들은 그들 고향에서 제조되지 않는 제품을 찾으러 멀리 박람회에 가곤했다. 제품을 들여오면서 상인들은 가격을 결정할 힘을 얻었다. 상인들의 관점에서 제품 가격은 그 제품이 소개되는 지역 공동체의 가치와 관습보다 더 많은 것을 담고 있어야 했다. 또한 운송 비용과 수고, 상대적 희소성, 그들의 상대적이거나 절대적인 독점 관계를 고려했다. 이리하여 물건을 상품으로 바꾸는 상인 계급이 등장했다.

상인들은 사물의 가치를 정하는 권력(이는 공동체에 대한 엄청난 힘이 될 것이다.)이 아니라, 제약과 교환

장소를 정하고 또 어떤 기준에 따라서 사물의 가치를 합
리적으로 매기는 방법을 정하는 권력을 획득했다. 상인
들의 이런 권력은 상품이 되는 흐름, 즉 사물의 이동과 저
장을 통제하는 데서 나왔다. 데우스 엑스 마키나(deus ex
machina, 문학작품에서 쉽게 결말을 이끌어 내기 위해 뜬
금없는 요소로 사건을 해결하는 플롯 장치.— 옮긴이)처
럼 사회를 조정하는 꾸며 낸 '시장'이라는 신화를 도입할
필요가 전혀 없었다. 상인들이 통제하는 상품 유통 때문
에 사물의 공정한 가치가 그것을 생산하거나 사용하는 공
동체 내부에서 구성원의 필요나 사회적 상황에 따라 정해
지지 않는다는 사실을 이런 설명을 통해서 이해할 수 있
다. 공동체가 힘을 잃을수록 경제적 가치를 결정하는 규
칙도 힘을 잃는다. 바로 이런 과정을 거치면서 고기나 우
유나 건물의 가격과 같은 사물의 가치를 결정할 때 작용
했던 신학자와 도덕주의자의 역할을 상인과 경제학자들
이 대체하게 되었다.[2] 결국 더 이상 생산자나 사용자 공동
체는 없고 이렇게 고립된 개인만 남을 때 권력은 저항할
수 없는 것이 된다. 흔히 이를 두고 시장의 힘이라고 부르
겠지만 그것은 바로 상인의 힘이다. 오늘날 농업과 같이
유통업자가 통제하는 산업 영역에서도 이런 현상이 나타
난다.

금융상인

앞서 살펴모던 현대 자본주의로 돌아가 보자. 가계 저축이 기업으로 향하는 바람에 경제의 자금 조달 흐름은 방해를 받고 있다. 그러나 이러한 흐름은 스스로 만들어지거나 지시된 것은 아니다. 정치인들은 처음에는 연기금 규정을, 다음에는 금융기관의 규정을 수정했는데, 이것은 빅뱅의 연속이었다. 금융 상품 관리자는 적립된 저축 자산과 기업의 자금 조달 사이에서 중개자 역할을 했다. 그들은 저축을 자본으로 이전할 수 있는 새로운 기술 수단을 만들고, 기업이 상장되어 있는 금융기관으로 이런 움직임을 이끌었다. 이렇게 그들은 자금을 흡수하여 막내한 자금 운용의 통제권을 장악했다.

자금 흐름에 대한 실질적 통제로 무장한 '금융상인'은 자금 조달 가격을 합리적으로 규정하는 방법을 강요할 수 있었다. 그들은 기업의 가치가 사업에 대한 평가에 달려 있음을 확립했다. 그리고 이 가치는 감정평가자로서의 자신의 작업과 비용, 주식의 상대적 희소성, 예상 이익 등을 마땅히 고려해야 했다.

자금 조달 가격을 합리화할 수 있는 정당한 권한을 행사하기 위해 제시한 기준은 다음과 같다.

① 가계에 연금을 보장하기 위해 가계 저축을 보호하고 보상해야 할 필요성.

② 기업이 얻은 자금 조달의 대가로 이 약속에 기여하도록 강제할 필요성.

③ 금융상인의 '최고' 수익을 보장하기 위해 미래 수익 약속 간에 경쟁을 붙일 것.

④ 기업 장래의 신뢰성을 나타내는 지표로서의 수익.

⑤ 궁극적 지표로서의 주가.(주가는 '금융상인'이 기업의 전망과 수익을 어떻게 예상하는지를 요약한 것이기 때문에 궁극적인 지표가 된다.)

이렇게 그들의 관점에서 '주주 가치'라는 용어하에 대중화된 기업의 '공정가격'이 만들어졌다.[3] 경제학자들은 설득에 필요한 과학이라는 겉치레를 제공해 주는 금융 이론으로 이러한 추론을 정당화해 주었다.

이에 대해서는 6장에서 다시 다루기로 하자. '주주 가치'라는 말은 경제학 철칙에 명시된 필수 사항이 아니다. 기업의 '공정가격'은 거기서 일하는 사람들과 고객과 국가 또는 그들 서비스로부터 혜택을 받는 다른 기업, 자본 지분의 소유자 또는 (직원, 고객, 공공, 주주 등의) 커뮤니티에서 정의한 기타 측량할 수 없는 수단에 의해 결정될

수 있다. 다른 경제체제는 말할 것도 없이, 다른 자본주의
가 가능했을 수 있다는 말이다.

　　그러나 금융화 현상으로 이 가격의 책정은 이른바 ‘금
융시장’이라는 명분을 이용한 ‘금융상인’이 독점하게 되
었다. 이 용어는 주주가 제공한 자본을 투자자가 관리하
는 상품으로 전환하게 해 준 사회적, 경험적 현실을 은폐
하고 있다. 그때부터 그 평가는 상장 기업 경영진과 금융
딜러가 연루된 투기의 대상이 되었으며 점차 모든 경제주
체를 끌어들였다. 그러므로 탐사를 계속해 나가기 위해서
는 이 강력한 ‘금융상인’이 과연 어떤 사람인지 자세히 살
펴봐야 하는데, 그런 막강한 권력을 구축할 수 있는 과정
을 이해하려면 먼저 약간의 우회가 필요하다.

버넘과 기획자 테크노크라시

　　1987년에 사망한 미국의 정치학자이자 수필가인 제
임스 버넘은 프랑스에서는 별로 소개되지 않은 것 같다.
1940년대에 상당한 영향을 미친 그의 저서는 나치 독일
과 소련, 심지어는 미국에서도 똑같이 기획자 계급이 권력
을 장악했음을 보여 주었다. 이 계급은 ‘테크노크라트(기
술관료)’로 구성되어 있는데, 전체주의, 사회주의 또는 민
주주의 국가같이 명백히 서로 반대되는 정치 환경에서도

똑같은 특성을 나타냈다. '기획자'는 국가와 대기업의 요직을 장악하고서 자신들이 관리하던 구상과 경영 합리성에 따라 사회 전체의 방향을 결정했다.[4]

버넘의 주장은 어떤 이들에게는 훌륭한 것으로, 또 다른 사람들에게는 터무니없는 것으로 받아들여져 많은 논란을 일으켰다.[5] 자본주의와 사회주의를 동등하게 놓고 본 제임스 버넘은 기획자의 권력이 모든 곳에서 필연적으로 작용하기 때문에 (당시 사람들의 기대와는 달리) 자본주의든 사회주의든 하나의 체제가 사라지면 필히 다른 체제로 대체될 것이라고 예상했다. 버넘은 마키아벨리를 자칭하는 현실주의를 견지하는 새로운 거장들의 역할을 예언했다.[6] 그 후의 역사는 그가 부분적으로 옳았다는 것을 보여 주었다.

버넘의 직관은 물론 탁월했지만 부분적으로만 그러했다. 회개한 트로츠키주의자이자 미국 보수주의의 지도자로서 반공주의에 강박이 있었기 때문이고, 또 그가 설명하는 현상의 다음 두 가지 차원을 혼동했기 때문이다. 즉 그는 ① 어떤 사회든 성과와 합리적 통제의 표준을 정함으로써 그 사회의 경제적, 이념적 방향을 결정하는 실질적인 권력을 쥔 기획자 테크노크라트가 존재한다는 사실과 ② 1930년대부터 여러 국가에서 이런 유형의 테크노크라트가 사법기관, 국영기업, 국가계획 업무를 관장하는 기관과 대기업을 장악하여 이 권력을 행사할 수 있게 되었다는 사실을 뒤섞고 있는 것이다. 자본주의 그리고 가상의 '시장경제'도 사실은 테크노크라트가 지배하고 있다는 일반 원칙과 역사상의 특정 시점을 표현하는 1930년대의 테크노크라트를 혼동함으로써 제임스 버넘은 자신의 이론을 도처에서 득세하는 해석인 '집단 관료제'에 대한 설명으로 축소시키는 결과를 낳았다. 따라서 그는 당시에는 기획 테크노크라시였지만 다른 시대, 특히 오늘날 시대에 나타날 수 있는 다른 형태의 '기획자 계급'에 대한 보다 일반적인 이론을 수립할 가능성을 놓치고 말았다.

버넘의 큰 공헌이라면 우리 사회의 분석이 (마르크스의 아주 간결한 해석에서 나온) 생산수단을 소유한 자본가 계급과 자본 없이 노동만을 제공하는 프롤레타리아 계급의 대립에 머물러서는 안 된다는 점을 일깨운 것이다. 진정으로 결정적인 문제는 재산이 아니라 그 재산의 가치, 즉 재산을 통제하고 이동시켜 성장시킬 수 있는 능력이다. 바로 앞서 이야기한 흐름의 관리가 그것이다. 버넘이 기업의 중역이 주주보다 훨씬 더 많은 권한을 가지고 있음을 보여 준 것도 이 때문이다. 왜냐하면 생산 시스템을 통제하는 그들은 자신의 결정과 전략에 따라 자본 이용을 결정하기 때문이다. 이리하여 버넘은 테크노크라트에 의한 경제 통치는 변하지 않으면서 공공재산이나 다른

형태의 자산에 이익이 되도록, 자본주의적 주주와 자본주
의가 사라질 수 있다는 생각을 하게 되었다.[7]

　이런 직관을 이용하여 오늘날의 경제 상황을 조망해
보면 '금융시장'과 '시장경제'라는 개념이 가리고 있는
것, 즉 현대 경제 시스템을 작동시키고 있는 테크노크라시
의 존재가 드러날 것이다.

　지금까지 나는 상인 경제라는 너무 모호한 용어로 이
야기했다. 상인들은 흐름의 관리자다. 그런데 상인들의
힘은 모두가 사물의 가치에 대한 '합리적' 결정을 보장하
는 역할을 하는 특정한 테크노크라시로 변할 때에만 가능
하다. 이에 대해 더 자세하게 살펴보자.

4장
투기 테크노크라시

일반적인 정의부터 시작하자. 내가 버넘을 따라서, 그러나 더 일반적인 의미에서 '테크노크라시'라고 부르는 것은 기술적 도구를 이용하여 사물의 가치에 대한 법적 정당화를 독점하고 있는 행위자들의 시스템이다. 결과적으로 테크노크라시는 미셸 칼롱이 사회기술적 배치라고 부르는 것에 따라 생산 장치를 규격화한다.[1] 시스템으로서 테크노크라시는 최상층에서는 사물의 '공정 가치'를 설정하는 방식을 '합리적인 것으로' 만드는 양식을 규정하고, 다른 층에서는 '공정 가치'를 실현하는 데 필요한 '성과'에 도달하는 방식을 규정하는 능력에 따라 연속적인 수준으로 전개된다. 사회 및 경제 시스템은 항상 그 틀을 구성하는 테크노크라시의 관점에서 이해할 수 있다. 역사상 공적 혹은 사적으로 이런 상업적이거나 관료적인

테크노크라시가 이어져 왔는데, 이와 같은 서사는 아직도
계속되고 있다.[2] 여기서는 현대 자본주의와 관련된 테크
노크라시에 대해 살펴보고자 한다.

나는 테크노크라시가 약 반세기 전부터 취한 특정한
형태를 투기 테크노크라시라고 부른다. 투기 테크노크라시
는 투기적 경제 논리와 어떤 식으로든 밀접한 관련을 맺
고 있는 전문가 그룹으로 이루어져 있으며, 이들은 그 논
리 안에서 자기 몫의 역할을 수행하여 집단적으로 역할
달성에 기여한다. 그것은 점차적으로 위계질서를 이루게
된 직업, 활동, 도구, 전문가들 사이의 연속적인 동기화 및
동조의 결과였다. 이 질서는 크게 엘리트, 중간 집단, 관료
라는 세 층으로 이루어진다.

투기 엘리트

맨 위에는 투기적 과두 집단이라 부를 수 있는 '거물'
엘리트가 있다. 엘리트는 막대한 자금이 조달되어야 하는
화학 산업이나 유기농업, 우주여행 또는 자율주행 자동차
분야 등에 대규모 자금 흐름을 결정하는 실질적 권한을
가진 다음 행위자들로 구성된다. 첫 번째는 금융기관 및
대형 투자 펀드에서 투자 전략을 결정하는 사람들이다.
거래소 관리자, 투자은행의 전략가, 영향력 있는 주식 중

개인들이 여기에 해당한다. 두 번째는 기업 편에서 '금융 상인'에게 이익을 약속하여 기업을 투기 논리 안에 가두는 사람들로 대기업의 임원과 재무 이사들이 여기에 속한다. 세 번째는 '시장 예상치'의 해설가들로 오피니언 리더와 영향력 있는 분석가들이 여기에 속한다. 네 번째는 행정에서 금융화에 기여하는 사람들로 특히 세금 정책과 정부 공약이나 법적 및 회계 기준을 정하는 고위 재무 관리들이 해당된다.

엘리트는 투자와 자본 가치에 대한 합리적 평가 방법을 정할 수 있는 권한을 갖고 있다. 가계 저축이 지원될 곳을 지시하고 대규모 자본 투자와 주식공개매입, 전략적 제스의 승패가 협싱되는 곳이 바로 이 과두 집단의 최상층이다. 전례 없는 수준으로 자금 흐름이 연결되는 곳에는 엘리트 중의 엘리트가 작동한다. 2019년 1만 개 미만인 세계 전체 상장 기업의 시가총액은 92조 4120억 달러로 세계 총 생산액의 1.2배에 해당한다. 이에 비해 파생상품 거래는 800조 달러로 추정되는데, 이것은 세계 총 생산액의 11배에 해당한다. 이 상류층은 거래 이익과 엄청난 사회적 명성으로 인해 아주 높은 수익을 누리고 있다.

중간 집단

　　투기 테크노크라시의 매개층에 있는 중간 집단은 생산을 통제하는 시스템을 만든다. 엘리트층에서 행한 약속과 투기 논리에 따라 결정된 성과에 도달해야 하는 구체적인 생산 사이에서 중간 집단은 효율성을 보장하기 위해서 생산을 조직화한다.

　　숫자의 경제를 구축하는 것이 중간 집단의 역할이다. 그들은 금융 상품, 평가 시스템, 표준, 시장가격 예측 알고리즘, 정보 시스템 및 정보 전송 기술을 조정한다. 이런 과정은 투자 펀드와 금융기관뿐 아니라 금융시장에서도 같이 일어난다. 그들은 또한 가장 '합리적'이고 '효율적인' 것에 필요한 순위와 비교를 만들어 낸다.[3] 그들은 매개변수와 표준으로 된 미로를 만들고 비율과 규칙을 결정하고 그에 따른 작업을 규정한다. 그들은 가치 투기를 정보 프로세스와 목표로 변환한다. 그들은 엘리트들이 베팅한 성과 약속이 달성되도록 조직을 위한 센서, 표준, 지표를 만들어 낸다.

　　이 중간 집단 층에는 정보 시스템 설계자, 금융 상품 전문가, 펀드매니저, 분석가 및 모든 종류의 오피니언 리더, 전문 컨설팅 회사, 솔루션과 네트워크 생성자 그리고 당연히 관리직 이사 및 개발자가 포함된다. 그들의 권력은 기업에 관해서나 작업, 생산에 관해서 어떤 정보를 사용하거나 무시할지를 결정하는 데에 있다. 말하자면 보이게 하거나 보이지 않게 하는 힘인 셈이다.

수치의 관료들

투기의 위계질서 맨 아래에 있는 존재는 관료 집단이다. 정보 시스템을 제공하는 데 필요한 데이터를 적용하거나 문서화하거나 비교하고, 표를 채우고, 정보를 찾는 검사관과 평가자들이다. 이들은 또 중간 집단이 정한 도달 비율과 생산 수치를 관리하고 주문하는 사람들이다. 회계원, 감사관, 검사관, 컨설딘드로 구성된 이 집단은 상위 계층에서 설계한 정보 시스템을 유지 관리하고 생산 작업이 통제에 잘 맞는지 확인한다.

그들의 힘은 매개변수화된 목표에 따라 노동자를 통제하는 데 있다. 그들은 실제 작업을 숫자로 정량화된 성과로 변환하고 투기의 기대와 동기화시킨다. 이렇게 해서 현실의 기업은 스프레드시트 기업을 설립한 투기 엘리트들의 기대도, 또 투기 세력의 이익 약속도 벗어나지 않게 된다.

투기 테크노크라시의 상호의존

이제는 공공과 민간, 그리고 상장과 비상장을 가리지 않고 모든 기업과 조직에서 투기 테크노크라시를 볼 수 있다. 엘리트와 중간 집단과 관료 각층이 비교적 고정되고 일관된 전체를 형성한다. 공장의 관리감독자로 직업 활동을 시작하면 힘든 노동의 대가를 치르더라도 대형 국제 은행의 중개인 자리로 올라가는 일은 거의 없다. 역으로 '빅 보스'는 결코 자회사의 품질관리 책임자가 되지 않는다. 분명히 역량과 경력 그리고 소속감과 권력의 네트워크가 다르기 때문에 테크노크라시의 계층 사이에 수직적 이동성은 거의 없다. 하지만 각층 내에는 명성과 권한 및 우선권, 특히 보수에 대한 경쟁이 있다.

반면에 각 계층은 다른 두 계층과 동기화된다. 그들이 각층에 있으면서 아주 소박하게 자신의 기능을 행사하는 것은 다른 층에 있는 다른 사람들이 자신의 일을 하고 있기 때문이다. 엘리트층에서 협상된 이런 합병 작업은, 이 이익을 실현하기 위해 설정된 관리를 관료 집단이 제대로 하기만 하면 그 이익이 보장된다. 반대로 관리 감독자의 작업은 그 결과가 엘리트가 정의한 투기 가치를 결정하는 회사의 전반적인 재무 성과에 기여할 때에만 효과가 있다. 따라서 모두가 연결되어 있다.

미로 만들기

투기 테크노크라시를 포착하는 것은 경제에 (인간의) 살을 넣는 것이다. 기술 개념과 스프레드시트 기업 안에서 수행되는 구체적인 작업 사이에는 사회적 공백도 자발적인 조정도 없기 때문이다. 투기 자본주의는 사물의 가치를 결정해 주는 마법 같은 '시장'의 산물이 아니다. 그것은 금융화를 체계적으로 전개해 새로운 자본주의를 탄생시킨 수많은 테크노크라트에 의해 조작된 무수한 표준과 통제, 계산과 레이더, 관리 도구와 지표의 산물이다.

그렇다고 해서 이 테크노크라시를 '현실 경제' 위에 떠 있는 유령처럼 생각하지 말기 바란다. 그것은 완전히 현실 경제의 한 부분이다. 테크노크라시는 회사나 정부 노동 인구의 상당 부분을 차지하고 있다. 다른 곳과 마찬가지로 거기에도 '노동자'가 있다. 이 노동자들은 미래의 전망이나 수치나 생각을 표명하면서 그들 사이에 사적인 연줄과 이해관계의 네트워크를 형성한다. 이런 의미에서 그들은 관리하고 조직하고 평가한다. 제각기 스스로 옳은 일을 하고 있다고 생각하고 스스로를 '현대적'이고 유능하며 세상의 흐름을 따르고 사회적 등급에 순응하고 있다고 여긴다. 그래서 남들에게 위선적인 구상이나 대단한 이념적 속내를 드러낼 필요도 없다.

그들은 행동해야 한다고 믿었던 때에 자기 수준에서 평범하게 행동했다. 왜냐하면 다른 행동은 불가능해 보였기 때문이다. 이것이 누적되면서 사회는 점차 투기적인 금융 사회로 변해 왔다. 전체적인 틀에 대해서는 알지 못하는 맹목적 행위자들은 전체적인 비전이 없기에 프로젝트의 실현에 더욱더 효과적으로 참여했다. 이들은 각자 투기 경제의 테크노크라트적 틀 안에서 할당된 자리를 고수한다. 하지만 그 자리가 그들을 벗어나고 있다.

5장
투기 자본주의, 첫 번째 접근

지금까지의 행로를 요약해 보자. 이 탐사를 시작할 때 저축자와 퇴직자, 기타 미미한 자본을 가진 수백만 명의 연금 수순을 보호해야 한다는 사회석 필요성이 제기되었다. 여기서 나온 현상이 바로 금융화였다. 다시 말해 자본이 상품이 되고, 가치 평가가 투자 방향을 결정하고 이윤이 절대 성과지표로 승격되었다. 기업과 투자자 사이에 동기화가 이루어졌다. 투기 테크노크라시를 구성하는 행위자들과 기술의 연결로 인한 기업과 정부 활동을 지시하는 새로운 방식이 단계적으로 성립되었다.

그러나 금융화는 서사의 일부만을 말해 준다. 내가 투기 자본주의라고 부르는 이 새로운 경제사회적 형태를 탄생시킨 더 큰 역학 속에서 금융화는 하나의 양식일 뿐이다. 이 장에서는 투기 자본주의의 주요 특성을 살펴보자.

투기란 무엇인가?

다음과 같은 과정을 거치면서 투기는 경제를 움직이는 수단으로 일반화된다.

① 경제적 선택이 미래 결과에 대한 약속에 따라 결정된다.

② 이 약속이 과거와 단절되는 혁명적인 미래를 건설하고 있음을 확인시켜 주고, 생산방식과 소비방식을 근본적으로 변화시킬 새로운 서비스 등의 출현으로 새로운 시장이 등장하면서 이 기대에 부응하여 미래의 부의 창출이 완전히 새로운 법칙을 따르게 된다.

③ 경제의 이런 변화는 그것을 이행하기 위해 부담해 온 부채를 흡수해 버리는 번영으로 이어질 것이다.

투기는 미래의 단절을 전제로 하는데, 이 단절에서 자신이 투자한 자본의 가치에 베팅할 가능성을 끌어낸다. 투기는 예상치 못한 일이 가능할 수 있는 미래를 향해 자금을 투입한다. 이렇게 이상화된 미래를 나는 '더 높은 미래'라고 부른다.(앞으로 투기가 상정하는 비일상적인 예측을 표현할 때는 '미래'라는 단어를 이탤릭체로 강조한다.)

'투기'라는 말을 흔히 쓰이는 다소 부정적인 의미로,

즉 단순히 미래에 대한 위험하고 탐욕스러운 내기로 받아들이면 이어지는 탐사와 오늘날 경제 역학을 이해하기 어려울 것이다. 여기서 나는 암묵적인 가치판단 없이 '투기'를 사용한다. 이 용어는 현재의 부채를 청산할 수 있을 정도로 충분히 강력한 *미래*의 변화를 실현하는 독창적인 경제 촉진 방식을 말한다. 사물에 부여된 가치의 엄청난 증가로 인한 부채(현재)와 부채 청산(미래)의 변증법은 투기 자본주의를 이해하는 데 필수적인데, 우리는 이 점에 집중해야 한다.

하나의 예를 통해 이 원리를 정확히 이해할 수 있다. 돈은 없는데 100만 유로가 드는 건물을 짓고 싶다고 가정해 보자. 나는 빚을 내면서 건물에서 나올 임대 수익으로 부채 일부를 상환할 것임을 채권자에게 확인시켜 준다. 하지만 꼭 그렇게 하지 않을 수도 있다. 왜냐하면 상환금 일부는 내가 예상하는 건물 가격 인상으로 충당할 것이기 때문이다. 그 지역은 완전히 변모할 테고 결국 그 건물은 분명 1000만 유로의 가치를 가지게 될 것이다. 그러면 100만 유로라는 부채는 그다지 대단하지 않으며 건물의 미래 가치에 흡수될 것이다. 게다가 나의 예측을 믿는 채권자는 100만 유로를 빌려주는 대신에 더 큰 이익을 위해 내 사업에 참여할 것이다.

이것이 투기의 논리다. 미래의 경제 상황이 현재와 너

무 달라서 사물의 가치가 근본적으로 바뀌리라 기대하는 것이다. *미래의 경제*가 그런 미래를 만들기 위해 짊어진 부채를 흡수할 것이다. 여기서 '흡수'라는 용어는 부채가 사라지는 것이 아니라 새로운 현실에서 무시할 수 있게 된다는 의미로 사용한다. 투기의 모든 메커니즘은 이 흡수 운동 안에 있다. 예상되는 가치가 높을수록 처음에 졌던 부채가 더 많이 줄어든다.

물론 이 메커니즘이 작동하려면 희망이 충분히 공유되어야 그럴듯해진다. 투기꾼들은 모두 자신은 회의적으로 보더라도 다른 사람들은 그 평가 약속이 지켜질 것이라 여긴다고 생각한다. 그러다가 몇 가지 중간 결과가 달성되면 확신이 생긴다.

투기 메커니즘은 다음과 같은 거울 게임이다.('투기'의 라틴어는 '거울'을 뜻하는 speculum이다.)

① 현재는 과거를 추구하는 것이 아니라, 원하는 미래를 바라본다.

② 자금을 직접 조달할 능력이 있는 사람과 자금을 얻으려는 사람의 눈에는 동일한 약속이 반영된다.

③ 이들은 모두 더 유리한 조건을 제시하려고 자신이 제시한 장래 약속에 대한 다른 참여자들의 의견을 알아내려 애쓴다. 중개인은 '시장을 이기기' 위해서, 즉

다른 중개인보다 더 잘하기 위해서 그렇게 하고, 기업은 다른 기업보다 먼저 사업 모델을 혁신하거나 '파괴'하기 위해 그렇게 한다. 장래 약속의 경쟁자를 이기는 것은 그보다 나은 미래, 즉 사물과 부채의 가치를 근본적으로 변화시킬 미래를 더 잘 만들 수 있다고 주장하는 것이다.

축적 자본주의에서 투기 자본주의로

진보의 동력에 대한 이런 사고방식은 역사상 정말 참신한 것이다. 1980년대까지 자본주의의 성장은 자본축적에 기반할 때 건전한 것으로 여겨졌다. 과거의 이윤과 업적을 증명함으로써 미래의 이윤을 늘리기 위한 현재의 자금을 확보할 수 있었다. 자본주의는 확실히 성장과 진보의 동력으로 여겨졌고 기업가들은 미래에 내기를 걸었지만 그들의 내기는 확고한 보장을 요구했다. 따라서 미래는 어떤 기획의 결과, 즉 다소 위험하지만 "현재 상황은 무기한 계속될 것이다."라고 케인스가 강조했던 통념과 과거의 경험에 기반을 둔 도약의 결과로 여겨졌다.[1]

논쟁의 여지가 있는 또 다른 유명한 논문에서 막스 베버는 자본주의가 청교도 윤리와 밀접하게 연결되어 있음을 보여 주었다.[2] 16세기 종교개혁 이후 통일된 신학이 없는 세상에서 개신교는 물질적 성공을 하나님이 인정한 의로움의 증거로 보았다. 경제활동, 일에 대한 헌신, 저축과 효율성은 이전까지 없었던, 축적을 축복으로 보는 도덕적 차원을 얻게 되었다. 프로테스탄트 윤리는 그것만으로는 자본주의의 승리를 설명할 수 없지만 다른 물질적, 정치적 차원과 관련되면서 자본주의에 고유한 '정신'을 부여했다.

이러한 차원에서 내가 축적 자본주의라고 부르는, 축적의 힘에 기반을 둔 선형 자본주의는 사회 진보를 과거에 대한 필수적이고 지속적인 개선으로 보았다. 은행 신용은 그러한 경제의 중추였으며, 은행은 그들이 동의한 부채 상환을 보장하는 자산 회계의 한도 내에서만 자금을 조달할 수 있었다. 따라서 과도한 투기는 불가능했다. 이자율은 채권자가 빌려준 대출 자본의 사용 대가를 지불하는 것이었다. 이자는 당시의 '판매'에 대한 대가 외에는 아무것도 아닌 것으로 간주되었다.[3]

이 모든 것이 1980년대로 들어서면서 바뀌었다. 투기 자본주의는 자금 조달 방법을 바꿈으로써 투자 자본과 부채를 평가하는 방법을 변화시켰고, 그 결과 오늘날 사회가 진보를 인식하는 방식도 변화시켰다.

투기 자본주의의 세 가지 특징

현대 자본주의의 첫 번째 특징은 금융 '상인', 즉 투자와 부채의 가치와 방향을 '합리적으로' 결정할 수 있는 권력을 가진 '상인'의 변화다. 1980년대부터 시장에 예치된 저축을 관리하는 사람들은 스스로 자본을 축적하지 않았다. 특히 은퇴를 위한 막대한 가계 저축 덕분에 잠재적 자금이 대규모로 제공되었다. 이 자본을 포착하고 관리하는 것이 투기 엘리트의 임무다. 이들은 오직 이 자본의 가치 평가에만 책임이 있을 뿐이다.

그런데 이 평가는 저축자들이 자본을 박탈당하는 시간의 '판매'로 축소되지 않는다. 더 많은 것을 기대할 수 있다. 투기 엘리트가 저축자들에게 약속하는 것은 *미래*로 인해 열린 전망 덕분에 저축의 가치가 증가하는 것이다. 앞의 사례에서 매력적인 자금을 끌어들이는 것이 임대료가 아니라 부동산 시장에서의 건물 가격 상승인 것처럼, 주가지수나 주식 가치의 상승이 저축자의 자산 증가를 약속한다. 실제로 수십 년 동안 이자율은 매우 낮았는데, 그래서 얼마 되지 않는 은퇴 저축 계획일지라도 우리는 자산을 늘리기 위해서 주가지수나 부동산 자본의 평가에만 의존했다.

저축자들에게 경험해 보지 못한 미래에 대한 신뢰를

주는 것은 여전히 필요하다. 투기 자본주의의 핵심은 과거의 경험에 기초한 모든 평가 기준을 수정하게 될 생산 조건이 바뀔 것이라고 믿게 하는 것이다. 새로움과 경제적 단절의 약속은 높은 미래 가치를 제시하기에 충분하다. 케인스가 제시한 통념은 뒤집혔다. "현재 상황은 지속되지 않을 것이다." 뭔가 다르고 더 나은 일이 일어날 것이기 때문이다.

투기 자본주의의 두 번째 본질적인 핵심은 약속 간의 경쟁이 '더 나은 미래의 선택자' 역할을 한다는 것이다. 미래의 열쇠를 쥐고 있는 '위대한 투기꾼'은 없다. 미래에 대한 약속의 신뢰성은 수많은 개미투기꾼들의 경쟁으로 입증된다. 각자는 자원을 잘 활용하여 경쟁자들보다 더 높은 투자 수익을 제공할 것을 약속한다. 이렇게 해서, 다른 사람보다 더 자신 있고 확실하게 미래를 만드는 방법을 더 잘 알고 있다고 주장하는 사람이 승자가 되는 약속 경쟁이 생겨난다.

다음이 좋은 예가 될 것이다. 2017년 1000만 대의 차량을 판매하여 1900억 유로의 매출을 올린 르노는 70억 유로의 순이익을 보았다. 그에 비해 20배 작은 겨우 10만 대를 팔아 85억 유로의 매출을 올린 테슬라는 20억 유로의 손실을 보았다. 규모와 결과의 이 객관적인 차이에도 불구하고 주가는 르노를 1000억 유로로, 테슬라를 500억 유로로 평가했다. 나는 비교도 안 되는 두 회사의 차이가 이상하리만치 작게 반영되는 근거가 무엇인지 금융가들에게 물었다. 그들은 한결같이 "테슬라는 전기 자동차의 미래입니다!"라고 대답했다. 즉 지금의 영업 실적과 달리 테슬라의 주가가 높은 것이 '합리적'이라고 보기에 충분한 약속이라는 말이었다. 그로부터 4년 후 테슬라의 시가 총액은 1000억 달러(912억 유로)를 넘어섰다.

투기 자본주의의 세 번째 특징은 약속을 이행하도록 도와준 대출 자금을 절대 갚으려고 노력하지 않는다는 것이다. 과거의 축적 자본주의에서는 은행 부채 상환이 금융경제를 실물경제에 고정시켜 두었다. 매년 돌아오는 부채 만기일에 맞추어서 부채를 상환할 충분한 마진을 확보해 두어야 했다. 그래야 기업이 정상적인 조건에서 재가동될 수 있었기 때문이다. 그러나 상환하지 않아도 되는 자금, 그 자체가 투기의 대상이 되는 자금이 조달될 때부터 사정은 완전히 변했다. 이 조달 자금에 대한 시장 평가액이 투자자에게 자동으로 '상환'을 보장하게 된 것이다. 앞에서 든 건물의 예와 같이 건물 가격이 오르면 대출금 이자뿐 아니라 심지어는 원금도 부담 없이 갚을 수 있다. 이런 현상은 앞서 말했던, 부의 가치 평가에 따라 부채가 흡수되는 환상을 심어 준다.

이런 현상의 가장 눈에 띄는 사례는 시가총액이 이미

10억 유로를 초과하는 5년 미만의 젊은 '유니콘 기업'이다. 미국에서는 2018년 한 해 동안 주식시장에 진입한 기업의 83퍼센트가 적자를 내고 있는 유니콘 기업이었다. 흑자 기업의 주가는 32퍼센트, 상위 500대 기업의 주가는 9퍼센트 상승한 데 비해서 유니콘 기업의 주가는 평균 36퍼센트 상승했다.[4] 이런 현상이 터무니없어 보일지 모르지만 투기 자본주의의 눈에는 합리적인 것이다. 투기 자본주의는 유니콘 기업들이 '새로운 경제'를 만들어 낼 것이며 지금은 터무니없어 보이는 투자금도 문제없이 상환할 수 있는 수준으로 평가될 것이라고 생각한다. 모든 것은 *미래*의 약속에 연결되어 있다.

당연히 투기꾼으로부터 자본의 일부분을 사는 사람도 그 자본이 증가할 것이라고 믿으면서 투기를 한다. 만약 그렇지 않으면 사지 않을 것이다. 그러한 자본 평가가 이익을 위해 직원의 상당한 노력을 요구하고 이 때문에 결국 회사가 거덜 나더라도 투기꾼에게는 중요하지 않다. 투기꾼은 다른 곳에 베팅할 것이기 때문이다. *미래*에 대한 믿음을 유지하려면 생산되는 가치가 무한정 커져야 한다. 그렇지 않으면 투기 시스템은 작동을 멈출 것이다. 그러나 사람들의 믿음이 뒷받침하는 한, 현재의 약속은 기적적인 미래를 실현할 수 있게 한다.

지지자들에게는 바로 이 지점에 투기 자본주의의 '합

리성'과 효율성이 있다. 즉 번영은 *미래*의 미지의 가능성을 열어 줌으로써 과거로부터 우리를 해방시키는 비약적인 성장으로 항상 새롭게 갱신된다. 여기서 영구적인 변화뿐 아니라 끝없는 혁신과 긍정적인 혼란, 신규 사업에 대한 자신감과 희망을 불러일으키는 기술혁명에 없어서는 안 될 낙관론이 나온다.

축적 자본주의 시대에 과거 유산을 개선하는 진보는 선형적으로 진행되었다. 그러나 투기 자본주의는 수학적 의미에서 비선형적이다. 그것은 시간의 화살표를 뒤집는다. 진보는 더 이상 이어지면서 풍부해지는 과거가 아니다. *미래*는 우리가 이미 다른 존재이길 기대하는 거울을 비춘다. *미래*는 현재를 흡수하고 과거를 더 이상 중요하지 않게 만든다. 더 나쁜 것은 과거가 관성, 저항, 막대한 부채, '새로운 규칙'에 대한 부적응으로 인해 케케묵은 세계처럼 평가된다는 점이다. 그래서 과거의 자본주의는 '과거의 교훈'이 이해하지 못하는 미래와 그 '단절'에 대한 낙관적 전망에 반대하기 때문에 '보수적인' 태도로 간주된다. 이런 투기의 환희 속에서 진보는 과거의 개선이 아니라 과거의 부정이자 청산이 되었다. 그 유명한 "과거를 백지화하자."라는 말보다 적절한 표현은 앞으로도 없을 것 같다.[5]

투기가 지속되는 이유

투기를 일종의 무능하고 탐욕스러운 도취로 간주하는 것은 이 시스템을 너무 성급하게 비방하는 것일지 모른다. 이는 낡은 축적 자본주의와 선형 자본주의의 시선으로 바라보는 셈이다. 투기하는 사람들은 합리적이고 종종 매우 진지한 사람들로서 신중하고 성실하게 투기 작업을 수행한다. 그들은 새로운 보물창고를 기대하면서 새로운 금맥을 탐지하고 멋진 작업의 냄새를 맡는다.

물론 그들은 새로운 가치의 동력을 강력히 믿지만 때때로 갑자기 새 시장이나 기대 이익이 실현되지 않을 수도 있다는 두려움에 사로잡히기도 한다. 재정 상태가 나빠지면 현실을 인식하게 된다. 그러면 이런 믿음은 거두어들이고 수정도 해야 한다. 처음에는 기업에게 더 나은 성과를 내도록 요구하지만, 그것이 불가능하다고 판명되면 투기의 기대도 잘못되었다는 점이 받아들여진다. 금융 거품이 폭발한 1987년, 2001년, 2008년이 그랬다. 그 후에 이 시스템은 다시 가동한다. 모두에게 피해를 주지 않는 한 투기는 멈추지 않을 것이기 때문이다. 왜 그럴까?

우선 인구의 고령화와 함께 점점 더 많아지는 수백만 연금 수급자와 저축자, 기타 퇴직자들 연금에 대해 큰 약속이 이루어졌기 때문이다. 모든 사람은 *미래에 대한 낙*

관적인 믿음을 공유해야 한다. 그렇지 않으면 명백한 사실이 드러날 것이다. 부채 상환이 불가능하거나 보유 주식의 보상 가치가 계속 증가하지 않으면 그것은 곧 저축자들의 파멸로 이어진다는 사실 말이다.

다음으로는 앞서 말했듯이 투기 엘리트들이 자신이 오랜 기간 축적한 자본이 아니라 저축자들의 자본을 투자하기 때문이다. 투자가 성공하면 보너스 형태로 개인적인 이익을 얻지만 투자가 실패한다고 그들 개인이 빈곤해지는 것은 아니다. 그들은 저축자들에게 경기가 좋지 않음을 알리고, 직원들에게 실망스러운 결과를 전하는데, 투자나 일자리에서 진정한 손실을 감수하는 것은 투기 엘리트들이 아니라 저축자들이나 직원들이다. 두기의 카지노판은 다른 사람의 돈을 걸어서 상금의 일부를 차지하지만 자신은 절대로 손실을 보지 않는 선수들로 가득 차 있다. 반면에 패자는 모든 것을 잃고 싶지 않으면 투기 엘리트의 새로운 약속을 믿어야 하며 다음 게임을 다시 하기를 희망해야 한다. 이것이 바로 투기가 계속되어야 한다는 묵시적 동의가 된다.

이런 식으로 투기는 경제 심리학에서 잘 알려진 효과인 '참여 에스컬레이션'을 기계적으로 만들어 낸다.[6] 슬롯머신 게임을 중단하기 어려운 것이 그 좋은 예다. 특히 계속해서 손실을 본 이후에는 더욱 그렇다. 우리는 통계적

으로 적어도 한 번은 좋은 운이 올 것이라 생각하는 경향
이 있다. 그래서 다시 동전을 기계에 넣는다. 이것은 역설
적으로 더 많이 잃을수록 잭팟의 가능성에 더 가깝다고
생각하는 것이다. 심리학에 따르면 사람들은 일반적으로
기존 투자를 합리화하는 경향이 있다. 심지어 그 투자를
의심할 만한 정보가 있어도 마찬가지다. 그래서 혁신적인
신기술에 베팅한 투기꾼은 처음에 불확실성이 나타날 때
도 이미 투자한 금액을 잃을까 봐 어떤 희생이 따르더라도
자신의 선택을 고수하고 투자를 계속하는 것을 선호한다.

　　금융시장에서도 자주 나타나는 이런 현상은 부정적
인 신호에도 불구하고 끝내 너무 부풀려진 거품이 터질
때까지 광풍이 계속되는 것을 설명해 준다.[7] 그때까지 투
기는 스스로에 의해 유지된다.

새로운 자본주의

　　이런 투기의 확장은 선량한 축적 자본주의가 탐욕스
러운 사람들에 의해 갑자기 탈선한 병리 현상 같은 것이
아니다. 투기는 단순한 탐욕의 폭발을 넘어서 있다. 이것
은 경제적 가치 창출을 '합리화'하는 새로운 방법이다. 물
론 경제는 자본집중, 특히 초대형 기업의 자본집중에 기
반을 두고 있다. 그러나 새로운 금융 관리는 자본을 축적

하는 사람과 그 자본을 사용하는 사람을 결정적으로 분리했다. 사전에 현명하게 자본을 축적하는 사람들은 기업에 합리적으로 투자하는 사람들이 아니다. 투기 자금의 흐름과 선택 관리를 확보한 것은 바로 특정한 테크노크라트들이다. '합리성'은 기존 가치의 한계 조건을 만들고 미래 가치의 폭발을 활용하는 것이다. 바로 여기에서 끊임없는 혁신과 통치의 기술이자 업적 경쟁으로서의 변화라는 브라운운동이 나온다.

투기 자본주의는 우리 사회가 '성과'를 정의하고 스스로를 규제하는 방식을 변화시켰다. 이 자본주의는 혼란스럽고, 역동적이고, 비선형적이며, 계획되지 않았지만, 투자금이 *미래*를 만들어 낼 수만 있으면 끝없는 번영을 가져다줄 것으로 예상된다. 투기꾼들은 크든 작든 모두 자신의 몫을 차지한다. 모두 부자가 되는 꿈을 꾸지만 그 규모는 다 다르다. 그런데 이 새로운 자본주의는 거의 50년 전에 이미 자리 잡고 있었다.

6장
신자유주의는 무엇을 위한 것일까?

단계적으로 확산되던 투기 자본주의가 1990년대에 들어 득세하면서 전 세계로 번지기까지 50년이 걸렸다.[1] 우리는 아직 신자유주의 서사는 꺼내지도 않았고, 투기 테크노크라시의 확장을 부추기는 이데올로기의 틀도 거론하지 않았다. 나는 구체적인 사건과 상황, 행위자들이 이용한 도구와 그들의 위상을 연결 지어서 오늘날과 같은 투기 사회를 낳은 객관적인 사회경제적 정황을 밝히려 한다. 물론 투기 자본주의에는 신자유주의로 불리는 경제적, 정치적 그리고 암묵적으로는 철학적 성격의 이데올로기도 크게 이바지했다. 나는 이 사실을 무시하지 않지만, 다른 사람들처럼 여기에 결정적인 중요성을 부여하지도 않는다. 사상만으로는 역사의 흐름이 바뀌지 않는다. 그것은 사상을 이용하는 사람들이 자신의 행동을 정당화하기 위해 사상을 어떻게 이용하느냐에 달려 있다. 신자유주의 이데올로기의 역할이라면 그것은 결정적이라기보다는 촉진자 역할이었다.

이념 프레임

1970년대에 시카고학파 이론가들은 사회생활에 대한 빈곤한 개념으로 주류에서 소외되면서 제대로 평가를 받지 못하고 있었다. 그들은 인간이 합리적이고 극대화하는 개인이라는 기본적인 인간학으로 되돌아갈 것을 선언했고, 사회는 개인의 행동과 조정의 산물이라는 정치학의 기조로 이어지는 전제를 내세웠다. 또 제도의 역할이나 사회운동이나 공동체 현상을 이해하려는 인문학과 사회과학의 지적 노력은 도외시한 반면에, 이상적인 개인주의적 자유주의로의 복귀를 주장했다. 여기서 신자유주의라는 용어가 나왔다.[2]

개인의 절대적 자유를 강조하는 데 처음으로 반응을 보인 것은, 위대한 기획 테크노크라시와 대중 이데올로기에서 벗어난 68혁명 이후의 비판적 지식인들이었다. 급진주의적이기까지 한 신자유주의는 신랄하고 자극적인 대안 담론을 제시했다. 미셸 푸코는 이에 둔감하지 않았지만,[3] 1980년대와 1990년대에 그의 추종자들은 이 문제에 모호한 태도를 취했다. 포스트모더니즘의 상당 부분은 가장 기본적인 개인주의적 신자유주의 가설을 풍부하게 재구성한 것이었다. 따라서 이러한 측면에서 지적 저항은 다소 약했다고 볼 수 있다.

그렇지만 신자유주의의 인류학적 환원주의는 앞서 설명한 경제적, 정치적, 사회적 변화와 공명하지 않았다면 큰 반향을 얻지 못했을 것이다. 나는 이런 흐름을 만들어 낸 경제학자들의 저작물에 주목한다. 왜냐하면 이들이 신자유주의를 가장 잘 체계화하여 실용적인 것으로, 즉 영향력 있는 것으로 만들었기 때문이다. 이들은 새로운 테크노크라시가 권력을 세울 수 있는 개념적 도구를 만들어 냈다.

그들은 투기 자본주의의 기능에 관한 결정적인 네 가지 원칙을 널리 퍼뜨렸다. 오늘날 사람들이 이를 자명하다고 믿는 것이 바로 이 이데올로기가 승리했다는 증거로 통한다. 그 네 가지 원칙은 ① '시장경제'의 존재, ② 정보의 '투명성'이라는 이상적 미덕, ③ 시장의 '효율성'이라는 도그마, ④ '이해 조정'으로 해결되는 권력투쟁 이론이다.

'시장경제'의 위대한 귀환

이 경제학자들은 1950~1970년대에 동서양을 지배한 계획경제에 대한 대안으로 시장경제의 존재를 부추긴다. 나는 이미 시장경제는 정치적 신화라고 말한 바 있다. 사물 가치의 정당한 합리화를 독점하는 테크노크라트에 의해 규제되는 상인 경제만 있을 뿐이다. 그런데 이 신화가 1980년대에 다시 활성화되었다.

개인이 '시장'에 자유롭게 접근할 수 있는 것을 자유라고 보는 신자유주의는 기획 테크노크라시에 대한 혁명적 대안을 모색했는데, 바로 관료제를 거부하는 시장이다. 그 결과 관료제는 자유로운 시장에 반하는 테크노크라시와 같은 것으로 간주된다. 그 이후로 시장과 테크노크라시가 대립하는 것이 당연하다는 중론이 생겨난 것을 보면 나름의 성공이 없었던 깃은 아니다. 사실 '시장'이라는 용어가 모호하게 사용되면서 경제활동의 이면에 있는 실제 현실인 테크노크라시가 눈에 띄지 않는다. 신자유주의 혁명에도 불구하고, 오래된 기획 테크노크라시를 대체한 것은 새로운 테크노크라시다. 그리고 앞서 제시한 바와 같이 조직에 권력과 기술, 통제 도구를 부과한 것도 바로 이 새로운 테크노크라시다. '보이지 않는 손'을 가진 '시장'의 필요하고도 유순한 표현일 뿐이라고 생각했던 투기 테크노크라시는 그 자체가 보이지 않게 되었는데, 이것이 바로 경제의 금융화에 대한 신자유주의 경제학자들의 첫 번째 공헌이라 할 수 있다.

투명성을 통한 지배

감추려 하지만 우리 눈길을 끄는, 정치인과 대중들도 곧 받아들인 신자유주의 경제학자들의 두 번째 주요 공헌은 바로 정보의 '투명성'이라는 미덕이다. 우리는 정보를 추출하고 게시하고 관리하는 것이 작업을 제어하고 투기 약속에 따른 금융 결과를 달성하도록 방향을 규정하는 데에 반드시 필요한 과정임을 앞서 보았다.[4]

신자유주의와 함께 투명성은 먼저 경제적인, 다음으로는 사회적이고 시민적인, 마지막으로 도덕적인 필수 요소로 부상했다. '시장'이 제대로 작동하려면 타인의 행동에 영향을 줄 수 있는 시장이 소유한 모든 정보가 공개되어야 한다. 정보 제공은 양질의 관계를 유지하고 각자가 공통 목표에 명확하게 참여하기 위한 전제 조건이다. 정보 공유는 '열린' 사회를 만든다. 조직과 마찬가지로 정보 공유는 모든 사람이 다른 사람이 알고 있는 것을 알 수 있도록 하는 일반화된 판옵티시즘으로 이해할 수 있다. 이런 식으로 사회는 모든 사람의 잠재적 통제에 의해 스스로를 규제할 수 있다.

반면에 정보를 감추거나 숨기는 것은 가볍게는 잘못이며, 최악의 경우에는 경범죄 같은 나쁜 행동의 징후로 간주된다. 실제로 정보 은닉은 타인들의 미래 예측 가능성을 박탈하고 *미래*에 대한 시장 예상의 신뢰도를 떨어뜨린다. 이런 이유로, 정보 공유 원칙은 경제와 사회생활은 물론 현대 민주주의도 정보 투명성이라는 요구를 받아들일 수밖에 없을 정도로 하나의 시대정신이 되었다. 이제 모든 것이 '투명해야' 한다.

신자유주의 이데올로기는 정보가 중립적인 데이터 덩어리로서 정보를 교환하는 사람들과 독립적으로 그 자체로 존재한다고, 따라서 모든 사람이 가질 수 있도록 가능한 한 많이 공유해야 한다고 가정한다. 이렇게 정의하면 정보의 투명성은 확실히 고결해 보인다. 이런 식의 접근은 정보가 추출 및 제어 기술에 따라 개발된 사회적 구성물일 뿐만 아니라 이러한 데이터 중 하나 또는 다른 것을 평가하기 위한 선택이기도 하다는 반대 가설을 전혀 고려하지 않는다. 예컨대 어떤 금융 정보는 중요하게 간주되고, 어떤 사회적 데이터는 덜 중요하고 또 어떤 문화적 데이터는 중요하지 않은 것으로 간주되는 것이다. 그런데 사실 투기 테크노크라시의 핵심인 이 정보의 등급화 작업은 그들에게는 아주 편리하게도 세상에 알려지지 않는다. 그 이유는 역설적이게도 투명성의 요구 때문이다. 가치 있는 정보를 많이 제공할수록 그렇지 않은 정보는 더 많이 무시하게 된다. 그 결과 우리는 투기 자본주의가 규정한 중요한 정보와 사소한 정보의 등급 구조를 정상적

인 것처럼 만드는 데에 더 많이 기여한다. 정보의 투명성
은 어떤 정보도 발신할 수 없는 세상의 일부를 보이지 않
게 한다.

시장의 효율성

그러나 투기 자본주의의 조정 능력은 투기자들이 철
저하게 잘못되지 않았다고 가정할 때에만 믿을 수 있는
것이다. 그렇지 않으면 의심은 억제될 수 없다. 또한 신자
유주의 이데올로기의 핵심은 그 뒤에 무슨 말이 붙더라
도 시장의 전능성을 주장하는 데 있다. 경제 용어로 시장
의 효율성이라 부른다. 시장이 효율적이라고 말하는 것은
거래하는 행위자들이 자신들의 과거, 현재, 특히 미래에
관해 사용할 수 있는 모든 정보를 계산 안에 통합할 수 있
는 것처럼 모든 일이 일어난다고 생각하는 것이다. 그들
이 기대에 따라 거래하는 것의 현재 가치는 그로부터 얻
을 수 있는 미래의 이익과 연동되어 있다. 그들의 선택에
는 미래의 약속이 이미 포함되어 있다.

정보가 더 많이 공유될수록 투기자들은 정확한 선택
에 이용할 수 있는 데이터를 더 많이 소유하게 된다. 여기
서도 투명성의 중요성이 대두되는데, 이처럼 모든 것은
연관되어 있다. 좀 더 실증적으로 말하자면, 집단 전체의

이름으로 자원 배분에 결정적인 선택을 하는 투기 엘리트는 미래, 특히 기업의 잠재적 이익에 대해 합리적으로 파악할 수 있는 모든 정보를 알고 있기 때문에 지속적으로 실수할 수는 없다고 여겨진다.

물론 시장의 효율성 확인은 입증할 수도, 반박할 수도 없다. 이것은 믿어야 할 도그마이며, 만약 믿는다면 효율성은 다음과 같은 이유로 자기 충족적으로 실현될 것이다. 즉 ① 엘리트가 내린 투자 결정이 긍정적인 결과와 이익을 가져오거나, ② 그렇지 않으면 정보 부족(투명성 부족)이나 일시적인 오류(잘못된 분석)를 탓하면 될 것이다. 그러나 평가의 오류는 투기자들에게 통합되면서 더 정확한 계산을 가능하게 하는 새로운 정보를 구성한다. 따라서 궁극적으로 모든 것이 효율성의 범주로 되돌아간다.

효율적 시장이라는 도그마는 투기 자본주의의 지속 가능성을 확인하는 필수 과정이다. 무슨 일이 일어나든 '시장'은 조만간 이 실수를 스스로에 동화시킬 것이기 때문에 무의식적인 투기자들의 혼란스러운 행동과 잘못된 계산을 따르지 않을 것이다. 따라서 그들은 항상 옳을 것이다. 이것이 세계의 금융화에 대한 신자유주의 경제학자들의 세 번째 이데올로기적 공헌이다.

정상의 이해 충돌

마지막으로, 신자유주의 경제학자들은 정치적이나 도덕적인 규범에 의지하지 않으면서도 엘리트 테크노크라트를 스스로 규제시키는 영리한 권력 이론을 제안했다. 이 이론은 중요한 경제적 결정의 방향을 정하는 사람들 간의 이해 상충은 불가피하다는 가정에 기초해 있다. 신자유주의 가설에 따르면, 인간의 개인주의적 본성 때문에 모든 사람은 다른 사람들에게 해를 입히는 것을 포함해서 이익을 기대하는 것을 특권으로 여긴다. 리더가 자신의 보수를 극대화하려는 방향으로 경제적 결정을 내림으로써 최대한의 배당금을 얻으려 하는 투자자의 이익에 반할 수 있다는 것이 좋은 예가 될 것이다.

이러한 이해 충돌을 극복하는 해결책은 이해관계를 조정하는 것이다. 즉 의사 결정권자의 수익을 극대화하는 동시에 결정 권한을 위임한 사람들의 수익도 극대화하도록 하는 것이다. 관리자의 보수가 기업의 성과와 이익에 연동되면, 투자자의 이익을 최대화하는 식으로 관리하는 것은 동시에 관리자 자신의 이익을 극대화하는 것이므로 관리자에게 이로워진다. 신자유주의의 이런 정신에서 성과와 연계된 프리미엄과 보너스와 스톡옵션이 폭발적으로 늘어나게 되는데, 이것은 관리자는 투자자를 위해 돈을 벌고 있다는 사실로 정당화되기 때문이다. 이해관계의 조정은 궁극적으로 투기 엘리트들뿐 아니라 낙수효과로 성과급을 받는 직원들 전체를 이윤 추구로 결속시킨다는 것을 말해 준다. 신자유주의 경제학자들은 결국 투기 엘리트의 권력과 그로부터 파생되는 엄청난 소득을 정착시켰다.

이념과 물질사회

신자유주의 경제 개념의 기초 원리를 더 자세히 설명하는 것은 이 탐사의 목적이 아니다.[5] 나로서는 신자유주의를 둘러싼 위대한 철학적 논쟁이 아무리 흥미롭더라도 그것이 본질을 가려서는 안 됨을 보여 주는 것이, 즉 투기 테크노크라시 통치를 정당화하는 한에서 이론을 검토하는 것이 중요하다. 신자유주의는 실제로 ① 포착할 수는 없지만 전능한 '시장'에 봉사하는 것이 존재 이유라고 주장하고, ② 정보의 '투명성'이라는 명분으로 개인에 대한 정부의 디지털 통제를 정당화하고, ③ 효율적인 '시장'을 주도하는 엘리트는 지속적인 실수를 할 수 없다고 주장하고, ④ 투기 엘리트를 형성하는 자본 관리자와 기업의 고위 경영진 간에 이해가 동기화되도록 돕는다.

비록 초기에는 미미했지만, 신자유주의에서 나온 저

작물들은 이자의 경제학, 그리고 금융시장에서 주식거래
가 담당한 새로운 역할뿐 아니라 투기의 리더와 관리자
들의 이상과 이해관계와도 일치했다. 그들은 마르쿠제가
"사회적으로 요구되는 행동의 학문적 보상"이라 부른 것
을 가져와서 투기 경제에 합리적인 틀을 제공함으로써 투
기 경제에 대한 의구심을 완화시킨 것이다.[6]

　　인류학적으로 들여다보면 이들이 제시한 합리적 틀
의 핵심은 구체적인 주체로서 인간의 해체라 할 수 있다.
그것은 두 가지 방식으로 작동한다. 우선 이 틀은 인간을
계산으로 축소시킨다. 신자유주의 이론가에게 인간의 구
체적인 현실은 중요하지 않다. 인간은 계산하는 개인, 말
하자면 살아 있는 제어장치 같은 존재로 간주하는 것으로
충분하고, 구매, 판매, 투기, 기대치와 같이 그들의 이해관
계가 사회에 남긴 흔적만으로 파악해도 충분하다는 것이
다. 다른 한편으로, 인간은 사물의 가격을 정하여 그 사물
의 '공정한 가치'를 부여할 수 있는 공동체에 속하지 않는
존재가 된다. 사람들은 '시장', 즉 모든 곳, 모든 사람에게
동일한 방식으로 부과되는 글로벌 평가 시스템에 포함되
며, 거기서 자신의 상황과 이익을 계산하는 존재가 된다.

　　결과적으로 개인은 그와 똑같은 다른 개인들과 함께
포위된 방정식에서 하나의 매개변수로 이해된다. 서로 적
응하기 위해 개인들은 행동을 관측하고 모방한다. 선호와

선택의 이유 같은 개인의 고유성은 사적 영역의 문제로 치부된다. 공적 영역과 경제 영역에서 개인의 고유성은 익명의 결정으로 축소되면서 지워지고 만다.

경제뿐만 아니라 사회, 심지어 인간까지 이렇게 이해하는 방식에 대한 비판은 수없이 많았다. 하지만 별 반응은 없었다. 반대로 신자유주의적 사고방식은 시장, 투명성, 위상 호환성, 개인의 이익에 따른 권력 균형, 이익 실현을 통한 이해조정 등의 이름으로, 비즈니스뿐만 아니라 더 넓게는 정치적 올바름을 지지하는 식으로 대부분의 영역에서 자리 잡았다. 사회적 환경과 무관하게 이념이 존재한다고 믿는 이상주의자들만 흥분한다. 다른 사람들은 구체적인 사회경제적 현실에 기반하지 않은 이념은 아무것도 아니라는 것을 알고 있다. 맞다. 그래야만 신뢰할 만하고 효율적인 이념이라 할 수 있고 그것을 모르는 행위자들 사이에서도 인정을 받게 된다. 사회 변화에는 물질적 원인이 있는데, 우리는 사후에 때마침 존재하는 지적 자료들을 이용하여 거기에 의미를 부여한다.

신자유주의 사상가들을 비롯한 대다수 '경제학자'들은 반세기 전에 마르크스주의 사상가들이 기획 테크노크라시를 위해 봉사했던 열정을 동원해서 새로운 정치, 경제, 사회 시스템에 봉사했다. 마르크스주의자와 신자유주의자들은 모두 유토피아를 위해서가 아니라 현실적이고 효과적인 변화를 위해 사회를 혁신한다고 느꼈다. 신자유주의 사상가들과 그 추종자들은 투기 자본주의의 역할과 권력에 '과학적인' 합리성의 명성을 부여하여 이론의 여지가 없는 것으로 만들면서 신자유주의에 대한 의혹과 비판을 경감했다.

경제학이 대학과 경영대학원에서 유행하고 개발도상국도 이를 수용하고 있는 것은 놀라운 일이 아니다. 경제학은 미래의 엘리트와 겸허한 숫자의 관료들 모두에게 참조할 만한 기준의 틀이다. 정보의 투명성과 개인 사이의 이해관계 조정에 기반한 효율적인 시장경제가 세계를 통치하는 가장 좋은 방법이라는 생각은 거의 보편적인 억견(臆見)이 되었다. 이런 생각은 충실한 하인처럼 투기 자본주의의 확장에 수반되었다. 물론 투기 테크노크라시가 조직된 개인들이나 단체의 엄청난 저항에 부딪혔다면 이런 일은 일어나지 않았을 것이다. 그러나 현실은 그렇지 않았다. 오히려 사회 전체가 투기 자본주의의 온상으로 변했다. 왜 그랬을까?

7장
거울 속의 나르시시스트

이익에 대한 첫 번째 약속이 특히 중산층에 속하는 수많은 퇴직자나 미래의 연금소득자 가계를 향해 행해졌다는 깃을 앞에서 실펴보았다. 이 약속을 지키기 위해 기업과 정부는 숫자와 성과 조절과 보고서와 비율과 평가 통계에 능한 테크노크라시를 이용했다. 작업의 가치를 평가하는 방식의 이 중대한 변화가 조직, 경제 영역 및 비즈니스 세계에만 국한된다고 상상하는 것은 순진한 생각일 것이다.

1980년대에 시작된, 서구의 일상 문화에 '자본' 개념이 확산된 증상부터 보자. 금융자본에서 시작해 사람들은 기술 자본, 인적 자본, 그다음에는 의료 자본, 유전 자본, 관계적·사회적·문화적·상징적 자본, 심지어는 변형 자본이나 혁신 자본이라는 말도 쓰기 시작했다. 이때부터

'자본'은 매일 발명되면서 감정 자본, 수면 자본, 선탠 자본과 같은 식으로 자본 개념이 대중 잡지나 과학 잡지에서 전파하는 모든 종류의 속성이나 관행으로 확장되었다.

산산조각 난 자본

나는 '자본' 용어의 확산을 사회 전체에 만연한 투기 자본주의 정신의 표현으로 본다. 우리가 소유하거나 거래하는 것은 그에 따라 관리되어야 하는 귀중한 자산처럼 보인다. 1980년대로 접어들면서 우리 일상의 가장 흔한 것의 가치를 이렇게 표현하는 방식은 어디에서 나온 것일까?

투기 자본주의의 전개와 동시에 조직 내에서 활동과 성과를 식별하고 제품이나 관계의 질을 평가하기 위한 지표가 늘어나기 시작했다. 그런데 이런 수치화 작업은 자연스럽게 시장으로 이어질 수밖에 없었다. 여기서는 이익이 실현되어야 하고 이익의 약속도 지켜져야 한다. 사회의 모든 영역에서 비율과 등급과 순위가 널리 확산되기 시작한 것도 이 때문이다. 이때부터 병원과 학교, 사랑의 퍼포먼스와 식당, 예능 방송과 정치인도 등급이 매겨졌다. 기업을 스프레드시트로 만든 숫자 열풍이 온 사회를 장악했다.

실제로 성과지표는 사회에서 자리 잡는 데 필수 불가

결한 요소가 되었다. 이 지표들은 부동산, 주식, 역량뿐만 아니라 앞서 말했듯이 신체, 건강, 선탠 또는 수면과 같은 모든 것의 가치를 표현하는 데에 의도적이든 아니든 공통의 표준을 제공함으로써 우리의 표현법을 변화시켰다. 지표를 사용하여 사람들은 구릿빛 피부나 부동산 같은 대상의 '가격'을 규정할 수 있는 수단을 갖게 되어 결과적으로 최상의 가치를 선택할 수 있게 되었다. 이런 평가의 대상은 (위치에 따른) 아파트나 (적절한 식단에 의한) 건강 자본이나 (명상 기술에 의한) 감정 자본 등이 될 수 있다.

조르주 프리드만이 '산산조각 난 노동'이라 말했듯이[1] 등급, 순위, 지표의 폭발적 증가는 결국 '산산조각 난 자본주의'를 낳았다고 말할 수 있다. 우리 사회는 건강, 신체, 관계로 축소된 자산도 소중히 여기는, 대부분의 사람들이 포함될 다수의 소자본 투자자, 즉 개미투자자들로 이루어진 것으로 보인다. 수많은 검사나 퀴즈나 온갖 비교를 통해 미디어에서 제공하는 자기평가 문화도, 자기 관리에 대한 찬사와 아울러 항상 '가치 있음'으로 평가받으려는 현대인의 집착도 여기서 나온다.

자신에 대한 자본주의적 평가

1980년대에 등장한 개미투자자들은 투기 자본주의의

산물이라서 필연적으로 그 특징이 드러난다. 투기 자본주의처럼 개미투자자는 가장 유망한 종목에 가담하고 자신의 '고용 가능성'에 기대를 걸면서도 급속한 노후화의 위협을 받으면서 혁신에 베팅한다. 그는 또 해로운 것을 피하고 건강 자본을 지키면서 건강에 투자하고, 만남의 기회를 위해 관계 자본과 네트워크를 관리한다. 기업이 생존과 미래를 기대하기 위해 변화하고 혁신하는 것처럼 소자본 개인도 지속적인 변화와 생의 단절과 *미래*에 대비해야 한다. 그는 움직이고, 투기하고, 자신의 가치를 높이기 위해 계산한다. 그 자신은 자신이 보유한 여러 소자본에 대한 기대의 산물이다. 그러나 명석한 그는 자신의 한계와 함께 자기 자산이 보잘것없음을 잘 안다. 그래서 모든 것이 그를 *미래*에 대한 희망으로 이끌어 간다. 현재 보유한 '자산'이 무엇이든 그의 문제는 축적이 아니라 행운, 즉 그의 '자산'이 열 배의 가치로 불어날 어떤 새로운 것의 도래를 준비하는 것이다. 이렇게 해서 개미투자자는 절망하지 않고, 투기적인 사회는 그대로 유지된다.

여기서 다시 시간의 화살표가 역전되어 전통적인 구조가 수정된다. 젊은이들은 노인들보다 많은 것을 알고 있다. 왜냐하면 젊은이들의 자본은 미래 속에서 가치가 있는 반면에 노인들은 자신의 자본을 족쇄처럼 끌고 가기 때문이다. 기존의 경험은 미래 상황에 적응하는 유연성에 비해 평가절하된다. 저축은 위험에 대한 반감을 반영하지만 빚을 지는 것은 미래에 대한 신뢰를 의미한다. 경직된 충성은 능숙한 기회주의에 방해가 되고, 성(性)은 자연적으로 주어지는 것이 아니라 변경될 수 있으며, 1994년에 60대 여성이 아이를 출산한 일은 생명윤리의 새로운 지평을 여는 최초의 위업이 되었다.[2]

자신의 견해와 종목 기업과 스마트폰을 바꾸지 않으면 *미래*가 약속하는 가능성과 변화를 제한함으로써 자기 자본의 가치가 떨어질 위험이 있다. 그래서 이런 슬로건이 나온다. '움직여야 한다', '변화해야 한다', '유연해야 한다', '도전해야 한다', '과거와 단절해야 한다'. 그뿐 아니라 가지와 표현의 격변도 요구되고, 기존 문화의 코드와 규범에 대한 위반도 연출되어야 한다. 이 가치와 관습의 변화는 40년 동안 전개된 투기 자본주의의 일부였다는 점을 알지 못하면 제대로 이해할 수 없을 것이다. *미래*는 기대하지 않은 높은 평가와 더 나아가서는 현재 보유한 소액 자본의 놀라운 증가에 따른 부채 청산까지 약속하고 있다. 그래서 그런 *미래*가 가능함을 암시하는 것, 현재와 과거의 한계로부터 해방을 나타내는 것은 모두 호의적으로 받아들여진다. 도전과 규제 완화의 문화가 다가오는 변화의 신호처럼 여겨지는 것도 이 때문이다.

미래에 사로잡힌 이 사회에서 개인 자본의 소유는 그

어느 때보다 자율성과 행동하는 힘의 열쇠가 된다. 경제적으로나 사회적으로나 문화적으로 가진 것이 없는 사람은 진전하지 못하고, *미래와 미래의 이익* 약속에 사로잡힌다. 제자리에 머물러 있는 그는 진보하는 세계에 쓸려 간다. 그렇다고 그는 진짜 프롤레타리아도 아니다. 왜냐하면 산산조각 난 자본주의에서는 비록 개미자본가일망정 자본가만 있는 것 같기 때문이다.[3] 그러므로 투기할 것이 아무것도 없는 사람들은 잠재적인 실패자일 뿐이다. 이들에게는 첫째, 훈련을 통한 '재교육'이 권고된다. 재교육은 40년 동안 모든 사회문제에서 천만다행의 해결책이 되었으며, 스스로가 사업주가 될 수 있는 가능성과 함께 자기 재평가의 가능성을 열어 준다. 둘째, 여기에 이르지 못한 사람들에게는 돌봄을 받는 길만 남는다. 정신장애가 급증하는 것은 점점 더 자신의 투기 가치를 믿지 못하는 개미자본가들 경쟁의 증상이자 그 결과다.[4]

일반화된 폭력을 향하여?

그러므로 급진적인 개인주의는 투기 자본주의의 결과이며, 그 자체가 엄청나게 늘어난 성과지표 현상에 기반을 두고 있다. 이것이 지난 수십 년 동안의 사회 변화에서 작동하는 논리다. 뭔지 모를 확신의 힘으로 영혼을 변화시켰다고 말들 하지만 완전히 설명되지 않은 '포스트모 더니즘'의 갑작스러운 출현에서 이런 정신의 변화가 나온 것이 아니다. 그것은 지식인들의 착각일 뿐이다. 사실은 사회생활의 물질적 조건이 더 결정적이었을 것이다. 주위 의 모든 것이 숫자로 되어 있으면 결국 이 숫자로 자신을 평가하게 된다. 자본이 되는 것이다.

그런데 산산조각 난 자본주의가 모든 사람에게 자기 자본으로 가능한 최고의 가치를 희망하도록 부추기면 사 람들은 어떻게 스스로가 충분히 가치 있다고 여길 수 있 을까? 이에 대한 대답은 일관되게 투기 시장에서 주는 대 답과 같다. 약속을 비교해 그중에 가장 신뢰할 수 있는 것 을 신대하라는 것이다. 이렇게 해서 개미자본가는 앞서 설명한 투기의 역학을 모방하고 재생산한다. 그는 가장 높은 상여금도 필요하지만 최고의 지위와 가장 빠른 서 비스와 최저가의 구매와 최고의 인정도 필요하다. 남에게 뒤처지는 것을 원치 않는다면 보잘것없는 저축으로 얻은 것에 만족해서는 안 된다. 그는 타인의 기대에 준해서 자 신이 어디에 있는지 가늠한다. 주위에서 일어나는 새로운 선망들로 인해 무한정 자극될 수 있기에 욕망의 한술 더 뜨기는 끝이 없는 것 같다.

르네 지라르는 성경에 나오는 열 번째 계명에 대해 논 평했는데, 웃음이 나올 만큼 정확하다.[5] "네 이웃의 집을

탐내지 말라. 네 이웃의 아내나 그의 남종이나 그의 여종
이나 그의 소나 그의 나귀나 무릇 네 이웃의 소유를 탐내
지 말라." 지라르에 따르면 이러한 세심한 배려는 사회생
활에서 매우 중요하다. 왜냐하면 우리가 아무리 작더라도
선망의 논리에 빠지는 순간, 모방적 욕망이 사회 구성원
사이에 자리 잡을 위험이 있기 때문이다. 욕망의 크기는
더 이상 욕망의 대상에서 나오는 것이 아니고, 그 대상에
대한 다른 사람의 욕망에서 나온다. 그 과정의 끝에는 대
상이 아니라 그것을 욕망함으로써 우리 욕망의 실현을 방
해하는 것 같은 타인이 있다. 선망은 이렇게 해서 욕망의
증폭과 폭등을 낳다가 마침내는 사회적 폭력을 낳는다.
그래서 지라르는 이웃의 소나 나귀에 대한 선망조차도 조
심해야 한다고 강조한다. 그런 선망도 항상 어떤 시점에
이르면 이웃에 대한 살인적 욕망으로 이어지기 때문이다.

  일반화된 투기는 열 번째 계명을 위반할 뿐만 아니라
이 위반을 투기 시대의 처세술로 삼게 한다. 그리하여 당
신은 이웃의 이익을 탐낼 것이고, 그의 투자와 혁신과 성
과와 성공과 쾌락과 재능을 갈망할 것이고, 미래에는 그의
자리에 있기를 원할 것이며, 그보다 빨리 기회를 잡으려
할 것이다. 당신보다, 아니 다른 누구보다 더 잘하려고 노
력하는 그보다 더 잘하려고 당신은 애쓸 것이다. 당신은
그보다 더 많이 소비할 것이고 그는 당신보다 더 많이 소

비할 것이다. 그런 사회가 지속될 수 있을까? 투기의 열광은 사회적 폭력과 '만인에 대한 만인의 감시', 그리고 개미 자본가들의 전면적인 이전투구로 이어질 가능성이 높다. 하지만 아직은 그런 일이 벌어지지 않았다. 여기에는 두 가지 이유가 있다.

갇혀 있는 폭력

첫 번째 이유는 각자가 스스로를 높이 평가하면서 참여하는 투기의 테크노크라트와 그들의 약속, 통제, 수익율이 잠재적인 폭력을 통제하고 있기 때문이다. 투기의 테크노크라트는 개미투자자에게 보상을 주면서 격려한나. 개미투자자들은 온갖 보상과 보너스와 혜택을 받으면서 이런 식으로 부자가 되도록 권유받는다. 이런 개인적 보상의 추구는 놀라운 사회적 에너지를 만들어 내고, 이 에너지는 노력을 고조시키고 혁신을 가속화한다. 이미 앞에서 살펴본 것과 같다.

나는 르네 지라르가 찾아낸 논리에 따라 투기 테크노크라시의 폭력 통제에 희생이 중요한 역할을 한다는 점만 지적하고자 한다. 정기적으로 부정한 사건이 터지는데 때로는 희생이 따르기도 한다. 자주 반복되는 현상 중 하나는 고위 직급자의 높은 보수에 대한 비난일 것이다. 때로는 그들 중 한 명이 사회적 제재를 받아 (흔히 상징적으로) 그 직위에서 쫓겨나기도 한다. 이런 희생은 다른 임원들의 보수가 계속해서 인상될 수 있도록 도와준다.[6] 똑같은 희생 과정에 따라 언행이 잘못되었다는 이유로 한 인물에 대한 논쟁과 분노가 언론을 통해서 정기적으로 제기된다. 모든 사람의 원한이 갑자기 그 사람에게 집중되면서 이슬처럼 맺힌다. 그가 공공 영역에서 배제되면서 잠재적인 사회적 폭력이 일시적으로 소멸한다. 하지만 다음 희생이 나올 때까지만 그럴 뿐이다.

사회적 폭력이 투기 체제에 의해 억제되는 이유를 설명하는 데에는 두 번째 이유가 훨씬 더 결정적인 것 같다. 나는 선망의 대상이 무엇보다도 자기 자신임을 알게 되었다. 왜 그럴까? 물론 개인은 투기적인 개미자본가가 되었지만, 스스로 선망하기 위해서 다른 사람과 경쟁할 필요는 없다. *미래*에 대한 약속으로 혼자서 놀라운 행운과 특별한 만남과 믿기지 않는 환경 변화를 기대하기에 충분하다. 1979년 크리스토퍼 래시는 투기 시대의 개인을 이해하는 뛰어난 논문을 발표했다.[7] 그는 현대인의 상태에 대한 은유로서 개인 숭배가 나르시시즘에서 나왔음을 보여 준다. 나르시시스트는 타인의 시선에서도 자신만을 보는 사람으로, "우주를 자신의 거울로 보고 자신의 이미지를 반영하는 외부 사건에만 관심을 갖는" 사람이다.[8] 당연히 관대함이나 헌신도 들어 있는 나르시시즘은 정신의학적인 일탈이 아니다. 부자 되는 것을 평생의 과업으로 여기는 그것은 1980년대부터 개인주의가 취한 급진적 형태다. 우리는 이제 완전히 이 안에 들어 있다.

고대 신화에 따르면 나르키소스는 자신의 아름다움을 확인하기 위해 시냇물 거울에 비친 자신을 바라보았다. 오늘날 이 거울은 *미래*가 보여 준다. 따라서 나르시시스트는 자신의 운명을 바라본다. 그가 확인하고 싶은 것은 자신의 아름다움이 아니라 어떻게든 제약과 부채라는 현재의 사실에서 벗어나서 개선되고 부유해진, 그래서 지금과는 다른 미래의 자신이다. 지난 수년간에 걸쳐, 직업을 바꾸는 것이나 성전환과 같이 '당신의 삶을 변화시키는' 가능성이 가진 상징적 중요성이 여기서 나온다. 이것은 부채 탈출의 희망이다. 물론 터무니없어 보일 수 있지만, 앞서 지적한 것처럼 '유니콘 기업'의 가치나 지나치게 과도한 자본화 현상이나 다른 놀라운 투기 현상이 터무니없어 보인 것 이상도 이하도 아니다. *미래*의 약속이 현재의 부채를 흡수할 것임을 믿지 않는 순간 이 투기 시스템 전체가 불합리한 것이 된다. 씩씩한 금융 중개인들에게는 권장하면서 겸손한 개미자본가를 비난할 수는 없다.

이것이 바로 투기가 만연한 시대의 개인의 모습이다. 스타트업처럼 아직 생성 중인 시작 단계에 있어서 미숙해 보인다. 이 개인들이 *미래의* 약속을 원하는 한 모방적 욕망이 낳을 수 있는 집단 폭력은 차단된다. 자기 재산 가치의 상승에 흥분한 개인들은 이렇게 일반화된 나르시시즘에 젖어 있다. 그러나 자기 자신을 유지하는 데에 몰두할 때는 타인이 되고 싶어 하지 않는다. 이런 야망이 길러지면 사회의 평화가 보장될 것이다. 따라서 나르시시즘적인 개인주의는 병리 현상이 아니라 상호 선망의 폭발을 피하면서 함께 사는 기술이다.

최후의 동기화

지금까지 거칠게 살펴본 우리의 지적은 비난도 제기하지 않지만 동의를 표하지도 않았다. 다소 거만하게 '사회적 진화'라고 부르는 것이 실은 투기 자본주의의 논리를 반영한다는 사실을 지적하는 데에 만족하기로 한다. 여기에 기뻐하든 슬퍼하든 엄격하게 윤리적이거나 도덕적인 관점에서 평가하고 토론하는 것이 무의미해 보이는 것도 이 때문이다. 모든 것이 지금도 여전히 유지되고 동기화되고 있다. 투기 자본주의의 생산 경제가 지속적으로 번영하고, 기업의 끊임없는 혁신이 신뢰할 수 있는 약속으로 이어지고, 이익이 '시장'에서 보장받으려면, 사슬의 다른 쪽 끝에 있는 개미자본가들이 동일한 투기의 움직임에 동조해야 한다. 그들은 생산과 자금의 향방을 결정하는 동일한 과정에 따라서 *미래*를 갈망해야 한다. 또 작은 나르시시스트로서 사회적, 문화적 자본이나 역량 자본이나 향유 자본의 상승이 부채를 벗어나 미래의 약속을 기대해야 한다.

그러므로 흑백논리로 테크노크라트 계급 및 엘리트 계급과 거기에 순종하는 나머지 사회 구성원들을 대립시키는 것은 잘못이다. 훨씬 더 미묘한 메커니즘이 과소 평가되어 왔다. 시간의 화살표라는 발명품은 자기 의식과는 무관하게 투기 자본주의에 적응해 있는 모든 사회 구성원에게 퍼져 나갔다. 따라서 반세기 동안 투기 자본주의는 별다른 난관 없이 무난하게 전개되어 왔다.

물론 모두에게 공유된 투기 정신이 불평등한 상황을 없애지는 못한다. 비트코인에 수십 유로를 거는 개미투자자는 주식에 수백만 달러를 거는 금융 중개인의 패러디일 뿐이다. *미래*(만약 *미래*가 존재한다면)를 점유하는 엄청난 불균형에서 당연히 사회적 긴장이 발생할 것이다.

그래도 역시 모든 것이 연결되어 있고 소비 사이클의 가속화는 생산의 지속적인 변화에 반응한다. 톱니는 서로 이가 맞는 법이다. 예정된 낙후는 비난받지만 새로운 욕망에 대한 약속이기도 하다. 신자유주의는 가장 독창적인 경제적 투기처럼 아주 급진적인 개인 해방에도 적절한 참조 틀 역할을 한다. 개인이 일상에서 하는 것처럼 기업은 끊임없이 혁신하기 위해 경쟁한다. 금융 중개인과 경영 감독관과 월드 스타와 슈퍼마켓 고객을 움직이는 것은 모두 똑같은 나르시시스트적인 개인주의다. 이처럼 들끓는 환경에서 자주 그 이치를 모르는, 그래서 다가오는 재앙을 볼 수 없는 평범한 개인들은 불안해한다.

8장
고장난 투기

어느 날, 투자자들은 의심을 한다. 기업 이익이 예측을 뒷받침하지 않고, 늘어난 막대한 부채가 흡수되지 않을 수 있디는 것을 깨닫는다. 모두가 주식을 팔아 함정에서 벗어나려 한다. 시세가 급락한다. 패닉이고 파산이다. 점점 금융 자금이 부족해지고 모든 것이 멈춘다.

수정으로서의 위기

1989년 일본, 1992~1993년 유럽, 1994년 멕시코, 1997년 아시아, 1997~1998년 브라질, 1998년 러시아, 2001년 아르헨티나, 2002년 브라질, 2009년 그리스, 2019년 튀르키예처럼 위기는 국지적으로 나타날 수 있다. '신흥국'에 대한 희망이 실현되지 않거나 너무 빨리 실현되어 조정이 필요하고, 현지 시장은 붕괴되고 부채는 부분적으로 청산되거나 보호되어야 한다. 미래에 대한 어떤 투기는 갑자기 과장되어 보이고 금융 상품은 더 이상 보장받지 못할 것 같다. 사람들은 무모한 투기에 사로잡혔다. 지불 능력이 없는 부채는 일부 탕감된다. 금융 개혁이 약속된다. 과잉을 통제하기 위한 기준이 추가된다. 신뢰가 살아난다. 그와 함께 매력적인 낙관론이 나온다. 그리고 투기 자본주의는 행복한 시기를 다시 시작한다.

우울감과 행복감의 주기적 교차가 투기 자본주의를 조절한다. 투기 자본주의가 허용하는 베팅 중에서 의심할 여지 없이 투기꾼에게 가장 흥미로운 것은 붕괴가 일어나기 직전 최고가에 매도하기 위해 사이클의 끝을 예상하는 것이다. 이런 투기는 우울증과 행복감이 주기적으로 나타나는 문화를 '정상적인 것'으로 본다. 이 같은 주기 교차가 현대 자본주의의 구성 요소이기 때문이다.

중요한 것은 불황이 너무 심한 공황으로 변하여 경제가 새로운 사이클에서 되살아날 수 없을 정도 아래로 떨어지지 않는 것이다. 국민 대다수가 미래에 약속된 번영의 도약과 부채 상환이 불가능하다는 사실을 갑자기 알게 된 경우 그런 상황이 벌어질 수 있다. 그럴 때 *미래*에 대한 신뢰를 되살려서 공황을 막는 것이 엘리트의 역할이다.

그런데 위기는 1987년이나 2001년과 같이 전 지구적으로 일어나기도 한다. 이 경우 모든 곳이 부정적인 공명을 일으키며 파국은 사방으로 번져 나간다. 2007년에 발생한 가장 폭력적인 폭발이 바로 그랬다.

전면적 위기: 세상의 종말을 받아들여야 하는가?

미국에서는 2007년 9월 소위 서브프라임 위기가 화약고에 불을 붙였다. 위기가 베어스턴스 은행의 파산으로 이어지면서 점차 부동산 시장으로 확산되어 당시 미국 모기지론 자금의 40퍼센트를 동원하던 패니메이와 프레디맥이 넘어질 위험에 처하고, 메릴린치, 리먼브러더스, 워싱턴뮤추얼 은행이 파산했다. 독일에서는 도이체 포스트방크와 히포 부동산이, 영국에서는 핼리팩스 뱅크 오브 스코틀랜드(HBOS), 브래드포드 앤드 빙글리(B&B), 스코틀랜드 왕립은행(RBS), 로이즈 TSB, 스탠다드차타드, 네이션와이드, 애비 은행이, 벨기에서는 합병은행 포르티스가, 일본에서는 보험회사 야마토생명 등이 무너졌다. 카드로 지은 성이 와르르 내려앉는 것 같았다.

우리의 의도는 지금 잘 고증된 이런 서사를 전달하는 것이 아니고, 투기 자본주의 탐사의 한 장에 이를 넣는 것이다. 무질서의 폭등이 어떻게 그렇게 쉽게 전체 시스템을 위협하는지를 확인하는 것은 아주 매력적이기 때문이다. 어제의 열정에 억눌렸던 것이 갑자기 나타나면서 날 것 그대로의 현실을 깨닫게 된 것처럼 은행 부채는 더 이상 든든한 자산으로 보장되지 않는다. 은행 계정에는 가치 없는 부실 상품이 너무 많이 들어 있다. *미래는 깊은 심연 같은 것이 된다.*

2007년에서 2008년 사이에 전 세계 주식시장에서 시가총액의 40퍼센트가 날아가고, 주가지수는 절반으로 떨어졌다. 뉴욕 주가지수는 1400에서 700으로,[1] 파리 주가지수는 6000에서 2700으로 내려갔다.[2] 그때부터 기업의 부채를 자본 가치와 연동하는 것은 불가능해졌다. 미국의 크라이슬러와 제너럴모터스가 파산 직전에 이르렀고, 영국의 소매 업체 울워스도 그 지경을 통과한다. 미래에 대한 희망은 당장에는 아무것도 할 수 없었다.

이 같은 동요는 전 세계를 경제적 혼란에 빠뜨릴 정도여서, 좋든 싫든 일순간 투기 자본주의에서 벗어날 수도 있었다. 하지만 그런 일은 전혀 일어나지 않았다.

이 순간 엘리트 테크노크라트는 사회 붕괴라는 결과를 가정하더라도 흘러가는 대로 내버려 두느냐, 아니면 폐해에도 불구하고 그 시스템을 지켜야 하느냐 하는 딜레마에 직면했다. 이들은 두 번째 해법을 선택했다. 다른 선택을 할 수가 없는 것이, 역사에서 엘리트들이 자신을 엘리트로 만든 체제를 무너뜨리는 것을 영웅적으로 받아들인 사례는 거의 없다. 사적이든 공적이든, 같은 테크노크라트들은 같은 대학에서 교육을 받고 같은 권력을 가진 같은 모델을 옹호한다. 그러므로 투기 자본주의의 존속을 보장하는 대규모 공적자금의 투입은 모든 의사 결정자 사이의 '이해의 연대'로 해석할 수 있다.

하지만 그뿐만이 아니었다. 시스템이 붕괴하면 연금이 지급되지 않고 일부 국민들(주로 중산층이나 부유층)이 부분적으로 혹은 완전히 파산할 것이기에 상당한 혼란으로 이어졌을 것이다. 위기 당시 이들의 자산은 9개월 만에 2조~2조 5000억 유로가 사라진 것으로 추산된다. 경제적, 정치적 결과는 계산할 수도 없었는데 분명 견딜 수 없는 수준이었을 것이다.

지옥은 좋은 의도로 포장되어 있는 법이다. 나중에 개혁을 하더라도 당장은 무슨 수를 써서라도 투기 경제를 구해야 했다. 공황을 피하기 위해 미국도 다른 나라들처럼 공적 개입을 결정했다. 여기서 정치인들은 세금과 공공 부채를 이용하여 다음과 같은 정책을 펼쳐 나갔다.

첫째, 비록 단기간이지만 부실한 은행이나 신용기관을 국유화했다. 미국 최고의 보험사인 AIG, 벨기에 은행 베네룩스 포르티스, 영국 은행 HBOS와 스코틀랜드 왕립은행이 여기에 해당한다.

둘째, 다른 은행들을 재자본화했다. 여기에 전 세계적

으로 1조 5000억 유로가 지출되었다.

셋째, 중앙은행에서 민간은행의 악성 채권을 매입해 민간은행의 대차대조표를 건전하게 만들었다.

2008년의 폴슨 계획은 6000억 유로의 유동성을 쏟아부었다. 그 후 은행의 자금 지원 요청에 대해 미국에서는 3300억 유로를, 유럽에서는 185억 유로를 투입했다. 이 양적 완화 정책을 통해 2010년대 내내 우호적인 신용등급과 함께 거의 제로에 가까운 금리가 유지됐다.

동시에 금융기관들은 어려운 상황에 처한 다른 기관과 통합하여 방어권을 확보했다. 일본의 미쓰비시가 모건 스탠리의 지분을 인수하고, JP모건 체이스가 워싱턴뮤추얼을 인수한 것이 좋은 사례. 투기로 만들어진 '카드로 지은 성'은 전면적 붕괴를 가까스로 모면한 뒤, 2009년 말에 안정화에 접어든다. 그러나 평균 수천억 유로가 증발하고 공공 부채가 증가하여 자본 재평가를 통해 이익을 창출하려는 기업에게는 새로운 압박으로 작용했다.

재시동

투기 자본주의는 다시 출발할 수 있었다. 공식적인 언급은 시스템 자체가 잘못이 아니라 일부 특정 행위자, 특히 탐욕스럽거나 무모한 행위자의 과잉 행동이 문제라고 선언했다. 새로운 저축자들의 기여로 저축자들이 맡긴 돈의 수익을 강력하게 보상하고 이로써 다시 새로운 저축자를 끌어들이는, 오늘날 다단계 사기의 원형인 폰지 피라미드로 유명한 버나드 메이도프가 이런 광기의 원형이 되었다. 그러나 이처럼 사악한 사기는, 위험은 하지만 *미래에 대한 정직한 내기*로 통하는 건전한 투기의 기대와 구별된다. 투기 자본주의자들은 이런 부도덕한 관행에 반대하면서도 이것만 개혁되어야 한다고 주장했다.

정치인들은 연설로는 금융의 전능함을 강력하게 규탄하려 애썼지만("나의 적은 금융계다!" 2012년 프랑수아 올랑드는 2009년 버락 오바마와 같은 주제를 취했다.) 실제로는 당시 유일하게 존재하는 투기 자본주의에 대한 신뢰를 회복해야 했다. 은행 업계를 통제하고 특히 너무 불확실한 투자에 자금을 조달하는 데 신용이 사용되는 것을 방지하기 위해 매우 엄격한 새 기준이 제정되었다. 투명성을 위한 노력과 조세 피난처를 막기 위한 투쟁은 성과가 없지는 않았다.

전체가 바뀌지 않도록 변경되었다. 실제로 경제의 투기 논리는 근본적으로 바뀌지 않았다. 연금은 자본 투자로 계속 자금을 조달했다. 분할 연금 제도에도 불구하고 프랑스 같은 국가에서 미래 퇴직자에게 추가 퇴직 자본을 제공하기 위해 이 메커니즘은 더 강화되었다.[3] 투기 엘리트들은 수백만 명의 저축자들에게 연금을 보장한다는 똑같은 목표를 위해 엄청난 양의 저축과 똑같은 기술을 계속 사용해 왔다.

그러나 큰 위기를 겪으면서 투기 엘리트의 명성은 손상을 입었다. 궁극적으로 자금의 흐름을 주도하는 이 엘리트들이 악성 채권과 서브프라임 모기지론과 파생상품이라는 꿀단지에 갇힌 상황에서 '우리를 앞으로 끌어당기는 *미래*'의 자기실현적 힘을 과연 어떻게 진지하게 믿을 수 있을까? 그들이 만든 파생상품은 너무나 정교해서 아무도 그 내용과 사회적 유용성을 제대로 이해할 수가 없었다. 투기 엘리트도 실추된 권위를 회복할 무언가를 찾아야 했다. 그래서 엘리트는 자신의 일을 계속해야 했고 이익과 풍요로움에 대한 약속을 다시 시작해야 했다.

되풀이되는 약속

대기업의 수익성과 아시아, 특히 중국이라는 두 개의 투기 공간에 의해 투기 자본주의의 재가동이 가능해졌다. 첫째는 대기업의 수익성인데, 시스템의 핵심은 기업 집중이었다. 기업 집중의 물결이 지나간 후에는 실물경제가 *미래*에 대한 희망의 신호를 줄 수 있도록 수익성 회복이 필요했다. 따라서 2010년 초부터 기업은 업무에 대한 압박 논리와 그 결과인 작업 강도 제고 및 절차화로 되돌아 갔다.[4] 스프레드시트 기업은 약속된 수익성을 달성하기 위해 정보 추출의 메커니즘을 재개한다.

그러나 작업 강도를 높이는 것이 수익성을 회복하는 유일한 방법은 아니다. 수익이 낮은 작업을 제거하고 하청 업체로 아웃소싱해 수익성을 높일 수도 있다. 우선 오 프쇼어링 논리에 따라 임금이 낮고 노동법에 덜 신경을 쓰는 국가에 소재한 자회사나 하청 업체로 작업을 이전한 다. 이어서 필요는 하지만 '주주 가치'를 거의 창출하지 않 는 청소, 보안, 식당, 녹지 관리, 차량이나 물류 같은 작업 을 하청 업체에 아웃소싱한다. 이러한 기능은 소위 '시설 관리'를 하는 전문 회사에 위탁된다. 프랑스에서 경제 위 기 이후 이 부문은 GDP 상승률의 두 배인 4퍼센트가 성 장했다. 이 부문의 회사는 대부분 급여가 비용의 90퍼센 트를 차지하는 노동력 회사들이다. 이런 회사들은 프랑스 노동 인구의 5퍼센트인 150만 명을 고용하고 있는데, 직 원 절반은 시간당 최저임금을 받는다.[5] 시간제와 교대 근 무와 과도하게 규정화된 작업으로 채워진 이런 '시설 관 리' 기업의 마진은 평균 3퍼센트를 넘지 않는다.

동시에 2008년부터 2018년까지 프랑스의 80개 초 대형 기업의 국내외 직원 수는 1퍼센트 감소했다.[6] 그리 고 2018년 CAC40 회사가 분배한 이익은 460억 유로로

2007년 기록을 다시 능가했다.(CAC는 파리증권시장 주가지수로, CAC40은 프랑스 40대 우량기업을 모은 지수다. ─ 옮긴이) 과연 무슨 일이 일어난 것일까? 대기업은 핵심 사업이 아닌 기능을 저숙련, 저임금 기업에 아웃소싱하여 수익을 높일 수 있었다.

부유한 경제와 금융경제 내에서 사회 분열이 발생한다는 사실을 보지 못하면 2018~2019년에 일어난 '노란 조끼'의 위기를 완전히 이해하지 못할 것이고, 같은 유형의 위기는 또 다시 발생할 것이다. 한편에는 여전히 대기업의 이점에서 혜택을 받는 사람들이 있고, 다른 한편에는 어렵거나 불안정한 조건으로 대기업의 하청 업체에서 일하는 사람들이 있다. 남반구와 북반구의 아웃소싱 격차는 이제 부유한 사회 내부에서도 추적되고 있다.

그러나 신뢰는 성공적으로 구축되었다. 상장 대기업이 다시 큰 수익을 올려 배당금을 지급했는데, 이는 투기 자본주의가 부를 창출하는 능력을 회복했다는 증거였다. 실제로 전 세계에서 주주에게 지급된 배당금은 2009년 7200억 달러에서 2017년 1조 4000억 달러로 증가했다.[7] 대격변에서 10년이 지난 후, 투기 자본주의는 지속되어야 할 근거를 되찾았다.

중국의 약속

그러나 투기를 되살리기에는 아직 충분하지 않았다. 2010년 세계 성장률은 약 4퍼센트였지만 편차가 아주 컸다. 유럽은 2퍼센트 미만이었고 중국은 거의 10퍼센트에 달했다.

투기는 아시아로 이동한다. 중국은 10억이 넘는 인구와 확고한 정치적 의지가 있으며 상당히 낮은 경제 수준에서 시작했기에 미래가 훨씬 더 매력적이다. 중국에서는 놀라운 약속이 꽃을 피운다. 상하이의 화려한 건축물과 바이오 산업 연구에서 알 수 있듯이 중국에서는 모든 것이 가능하다. 힌 연구자는 중국의 열징을 미러링을 통한 투기 논리의 멋진 사례로 이렇게 요약한다. "의심할 여지 없이 서양으로 번져 나갈 변화의 실험실인 중국 제국은 신기술 분야의 새로운 경험과 사용에 대한 훌륭한 전망대가 되었다."[8] 따라서 미래의 약속은 중국의 약속이고 *미래의 위업은 아시아의 성장*에서 볼 수 있다.

이제는 저비용 생산이 아니라 투자를 위해 기업들이 극동으로 몰려드는 것도 이 때문이다. 2010~2018년 사이에 전 세계에서 현지 회사나 합작투자를 통한 해외직접투자(FDI)는 연평균 1조 2000억 유로에 이르렀는데, 그 절반은 미국을 향했다. 아시아에 대한 해외직접투자는 4000억 달러에 이르렀는데 이것은 두 번째로 큰 투자 흐름이었다. 동시에 중국 기업들의 시가총액은 2007년 1조 5000억 달러에서 2014년 4조 4480억 달러, 2018년 6조 1000억 달러로 늘어났다. 약속은 잘 지켜지고 있는 것 같다.

새로운 개척지를 향하여

그러나 더 많은 것이 필요하다. 신뢰를 확실하게 회복하는 데 필요한 두 엔진은 아직 충분하지 않다. 한편으로 대기업의 이윤은 무한히 증가할 수 없고 당연히 제자리로 돌아오게 마련이다. 특히 생산 비용을 하청 업체에 전가해 성장의 일부를 달성하기 때문에 그렇다. 다른 한편으로 중국 경제는 성장 통계에 대한 불확실성이나 막대한 부채 현황 외에도 정치권력에 의해 통제되고 국가 투자자들이 특권적인 역할을 하고 있다.

대규모 투자를 지원하고 부채가 미래 세계에 의해 흡수될 것이라는 확신을 주기 위해 투기 자본주의는 서구 세계 내부에서 성장을 위한 공간, 즉 더 매력적이고 솔직히 말하면 더 혁명적인 미래를 약속하는 '새로운 개척지'를 필요로 한다. 중국에서는 '정상으로의 복귀' 또는 다소 통제된 확장보다 더 강력한 부양책을 찾아야 할 것이다.

재앙을 모면한 후 투기 낙관주의에 새로운 불을 붙이고 엘리트의 명성을 회복하기 위해서는 믿음의 릴레이가 필요하다. 이것이 바로 2010년대에 디지털화가 수행한 역할이다.

9장
엘리트의 리플레이와 승리

    2007~2008년 위기 이후 기업과 정부에는 디지털 혁신을 가속화해야 한다는 새로운 주문이 부과되었다. 투기 엘리트가 작성한 민간과 공공 보고서들은 '디지털화된 세계'라는 '뉴프런티어', 즉 새로운 개척지가 부상하고 있다는 점에 만장일치를 보였다.[1] 여기에 이르지 못한 사람은 사라질 것이다. 어디서나 사람들은 이 거침없는 변화에 '뒤처질 것'을 걱정한다. '파괴적 혁신'은 이 시대의 키워드이며 새로운 가능성을 여는 참깨가 되었다. 이것은 변화가 문제가 아니다. 변화의 곡선을 깨고 다시 한번 완전히 새로운 미래에 자신을 투영해야 한다. 파괴적이라 함은 '코드를 깨는 것'이다. 동시에 디지털 권력은 디지털 코드와 알고리즘에 의해 부과되기 때문에 이 말은 모호함이 돋보이는 표현이다.

그런데 새로운 것은 무언가?

디지털 기술은 1960년대에 코딩된 정보로 계산하는 기계와 컴퓨터가 발명된 이후로 이미 사용되어 왔다. 정보를 저장하기 위해 디지털 기술은 0과 1 두 가지 숫자를 사용하여 인코딩한 다음 모든 데이터를 해당 숫자의 이진법 시퀀스로 변환한다. 여기서 디지털이라는 용어가 나온다.

더 작으면서 더 강력한 컴퓨터와 전기통신 네트워크의 확산과 함께 1970년대로 접어들면서 디지털화가 널리 자리 잡았다. 텍스트, 소리, 이미지 및 모든 종류의 데이터 저장과 정보의 전송은 매끄럽게 흘러갔으며 또 이깃들의 상호 연결이 새로운 무언가를 만들어 냈다. 역사학자의 논문은 악보나 요리법과 같은 방식으로 코딩된다. 이때부터 디지털로 된 모든 것이 연결될 수 있었는데, 이는 엄청난 경제적, 문화적 시각을 열어 주었다. 데스크톱 컴퓨터의 효시인 애플 II는 1977년에 나왔고, 현금자동지급기는 1960년대부터 시작되었으며, 자동 계산의 '전문 시스템' 및 모든 종류의 기계와 이진법 코드 정보를 번역 및 재번역하는 '리더기'도 나타났다.

그 결과, 1980년대부터 기업 내의 비서직, 고객과 계약을 체결하는 업무, 데이터 기록을 담당하는 업무, 영업

사원이나 상당수의 관리 업무가 당시 컴퓨터 공학이라고
불린 것에 의해 엄청나게 큰 변화를 겪었다.

40년 동안 전개된 투기 테크노크라시는 디지털 기술
이 없었다면 불가능했을 것이다. 디지털 기술은 투기 테
크노크라트에게 데이터를 저장하고, 소위 '재무' 문법에
따라 데이터를 표준화하고, 그에 따라 매개변수를 지정하
고, 연결된 컴퓨터 없이 조직과 소프트웨어 차원에서 비
율을 계산하고 차이를 평가하는 수단을 제공했다. 실제로
1986~2010년 동안 전체 연간 투자에서 새로운 정보기술
에 대한 투자가 차지하는 비율이 미국은 27퍼센트, 영국
에서 22퍼센트, 프랑스와 독일은 16퍼센트를 나타냈다.[2]

2010년대에는 특별한 돌파구나 기술적 도약이 일
어나지 않았다. 개인용 컴퓨터와 전문가용 컴퓨터의
연결도 1990년에 월드와이드웹으로 대체된 아르파넷
(ARPAnet, 미 국방부 고등연구소(DARPA)가 개발한 최
초의 패킷 교환식 네트워크로 인터넷의 전신이다. ─ 옮
긴이)이 1969년에 개발되면서 시작되었다. 첫 번째 라우
터(회선자동선택장치)는 1984년에 시스코시스템스에
서 판매되었으며 첫 번째 휴대전화는 1985년 모토로라
에서 판매되었다. 문화 분야에서 디지털 미래를 그린 컬
트 영화는 이미 오래되었다. 가장 유명한 세 가지를 들자
면, 스탠리 큐브릭 감독의 「2001 스페이스 오디세이」는

1968년에 상영되었고, 제임스 캐머런 감독의 「터미네이터」는 1984년에, 워쇼스키 자매가 만든 「매트릭스」는 1999년에 나왔다. 문화적 상상력은 디지털 미래가 빚어내는 허구의 분위기에 이미 흠뻑 젖어 있었다.

게다가 인터넷 신생 기업에 대한 투기로 부풀려진 당시의 디지털 버블이 꺼지면서 자본주의를 뒤흔든 심각한 위기가 2001년에 터졌다. 기술의 가치에 매우 민감한 나스닥 지수는 1996년 1000포인트에서 2000년 5000포인트까지 치솟았다가 2003년 1100포인트로 급격히 무너졌다. 수백 개의 디지털 스타트업 기업이 몇 달 만에 사라지고, 2002년에는 월드컴이나 엔론 같은 대기업이 파산 선고를 받았다.

디지털 기술은 이미 수십 년 동안 투기 자본주의의 전개를 보장해 왔다. 그런데 왜 2010년대에 '디지털화'가 조직과 생활 방식의 전략과 관행을 뒤엎을 필요가 있는 새로운 개척지이자 혁명으로 제시되었을까?

디지털과 디지털화

이에 대한 대답은 부분적으로는 디지털 기술과 디지털화의 구분에 있다. 디지털화란 디지털 기술과는 다르다.[3] 디지털화는 이 기술을 수단이 아니라 경제적 대상으로 생각하는 새로운 방식이다. 금융과 금융화를 구별할 필요가 있듯이, 디지털과 디지털화를 구별해야 한다.

금융화가 금융과 실물경제의 관계를 역전시킨 것처럼 디지털화는 디지털 기술과 사회경제적 환경의 관계를 변화시켰다. 디지털 기술이 경제 프로젝트를 지원하는 것이 아니라, 스스로가 경제 프로젝트 자체로 제시되었다. 정적인 '디지털'에서 동적인 '디지털화'로 의미가 변한 것이다.

금융화에 의해 재정적 성과와 자본 평가가 그 자체로 목적인 것처럼 장려되었던 것과 같이, 2010년대에는 디지털이 생산과 소비 과정에 통합되는 것 자체가 탁월한 경제적 성과의 표현인 것처럼 목표가 되었다.

디지털화는 디지털 기술이 기술로서 지닌 약속과 업적이라는 이름으로 경제적, 사회적 변혁에 대한 요구를 표현한다. 내가 정의한 이 용어는 분명히 투기적이다. 세계의 '디지털화'가 여는 미래는 여기에 필요한 투자에 들어간 부채가 더 이상 중요하지 않을 정도로 엄청난 경제적 변화를 가능하게 할 것이다. 디지털화를 통해 세상은 새로워질 것이다. 미래는 현재가 거의 상상할 수 없을 것이며 과거는 '낡은 세계'를 이룰 것이다. 이런 그림을 통해 자금 조달은 역동성과 유망성을 되찾게 된다.

디지털화는 막연한 슬로건을 넘어서 대중을 *미래의*

고가치 투자로 유도한다. 보스턴컨설팅그룹은 디지털화를 아홉 가지로 구분한다. 빅데이터 관리, 신형 로봇, 실제 상황의 디지털 시뮬레이션, 정보관리 시스템, 사이버 보안, 외부 데이터 저장(클라우드), 3D 프린터에 의한 연속 레이어 생산(적층 가공), 가상 환경에서 행동할 수 있는 증강 현실 등이 그에 속한다.[4] 이 목록의 다양성은 여러 기대와 예상을 반영한다. 그리고 이 '뉴프런티어'를 향해 나아가고 있는 기업의 성과와 가치에 수많은 베팅과 투기가 가능해진다.

따라서 개인과 조직 모두에게 딜레마가 나타난다. 디지털화냐 소멸이냐. 디지털화된 생산과 소비를 받아들이느냐 아니면 산산조각 난 자본주의의 새로운 폐기물이나 잉여물이 되느냐. 자신의 작업을 디지털화하느냐 아니면 자신의 가치를 내세우지 못하고 디지털 세대(디지털 네이티브)에 의해 결국 경쟁에서 밀려나느냐 하는 딜레마다. 이 (두려운) 딜레마에 직면한 사람들은 금융가와 투자자를 필두로 다른 사람들과 함께 *미래*를 향해 달리는 게 이롭다.

위기 속에서 질서를 세우는 투기 엘리트

'뉴프런티어'인 디지털화는 이익 약속을 위한 두 영역

의 투기 공간을 열어 준다. 첫째는 혁신을 위한 새로운 경쟁으로 인해 미래 이익을 기대할 수 있는 전통적인 산업 부문이고, 두 번째는 그 자체로 경제 변화의 중심이 되는 디지털 부문이다.

전통적인 산업부문의 경우, 대형 컨설팅 회사는 "기업의 디지털 성과는 조직 전체를 변화시키는 능력으로 측정된다."[5]라는 권고로 투기 엘리트에게 영감을 불어넣는다. 그들은 성공의 기준을 설정하고 그 결과를 예상한다. 예를 들어, 유명 컨설팅사 매킨지는 회사의 성공적인 디지털 혁신을 통해 운영 수익이 40퍼센트 증가해야 한다고 확신한다.[6] 다국적 회계 감사 기업인 프라이스워터하우스쿠퍼스(PwC)는 "기업이 글로벌 디지털 전략을 채택하면 재정적으로 더 성공적"이라고 주장한다.[7] 세계적인 컨설팅 회사 액센츄어는 "기업의 절반(52퍼센트)이 디지털 성과도, 재무 성과도 달성하지 못했다."라고 지적한다.[8] 이런 지적에는 성과와 이익을 달성하기 위해서 새로운 샘물에 매달려야 한다는 명령이 들어 있다.

디지털화는 적절한 디지털 산업의 발전이기도 하다. 유엔무역개발회의(UNCTAD)가 설명하는 네 가지 영역은 ① 인터넷 소매업이나 여행 같은 전자 상거래 영역, ② 검색 엔진, 소셜 네트워크, 기타 플랫폼 및 공유 경제와 같은 인터넷 플랫폼 영역, ③ 전자 결제, 클라우드 같은 디지털 도구 영역, ④ 멀티미디어 및 엔터테인먼트, 정보와 데이터를 제공하는 디지털 콘텐츠 영역이다. 또한 이 산업의 인프라를 제공하는 두 가지 영역으로 ① IT(하드웨어 및 소프트웨어), ② 통신(데이터 전송)이 있다.[9]

전체적으로 디지털 산업은 대규모 선진국 GDP의 4~8퍼센트를 차지한다. 분명 점유율은 상대적으로 낮지만 다른 모든 경제 부문의 디지털화를 관리한다. 디지털 기업이 실제적으로도 상징적으로도 강력한 자본주의적 가치를 획득하는 것도 이 때문이다. 디지털 기업들은 2010년 투기 자본주의의 스타가 되었는데, 여기서는 스타트업 기업과 유니콘 기업 그리고 거대 기업이라는 세 가지 그룹이 눈에 띈다.

디지털 기업의 명성

스타트업은 디지털화의 새로운 싹이다. 이 분야에서 다소 선진국인 프랑스의 경우 2010년에는 해당 분야 전체 창업의 5퍼센트에 불과했던 스타트업이 2018년에는 1만 개에 이르렀다.[10] 스타트업 기업의 숫자는 여전히 적은 편이다. 그러나 2010년대에는 '스타트업을 만든다'는 말이 근사한 기업가 정신의 정수를 나타낼 정도로 상징적인 영향력이 상당했다.

평범한 회사 창업에 비해 스타트업의 특성은 신비하지만 단순한 기술 응용, 대담한 직감, 일반적으로 젊고 캐주얼한 기업가 그룹에서 시작하는 것 같다. 스타트업 기업은 투자자에게 경제의 '규칙을 깨는' '훌륭한 아이디어'를 판매함으로써 자금을 조달한다. "은행 기록도 없으며 아직 수익성도 없고 생존을 평가하기 어려운 새로운 사업 모델을 갖고 있는 신생 회사는 은행 대출을 통한 전통적인 자금 조달에는 적합하지 않다."[11] 분명히 축적 자본주의에서 벗어나 *미래*를 기대하는 스타트업 기업들은 자신들의 활동은 혁명적일 가능성이 있기에 현재의 사업 모델을 파괴하고 나서 장기적으로 수익성이 있을 것이라고 주장한다. 스타트업 기업은 당장은 민간이나 공공의 벤처캐피털 펀드에서 직접 자금을 조달한다. 당장의 수익이 부족하더라도 펀드들은 투자 자본의 상당한 가치 상승에 희망을 건다. 이런 수익 모델은 전형적인 투기 모델로, *미래*의 성과는 지금 지고 있는 부채를 해결할 것이다. 그것은 부채를 상환해서가 아니라 기업 가치의 엄청난 증가로 그 부채가 더 이상 문제 되지 않기 때문이다.

동시에, 사회 엘리트에 의해 만들어진 스타트업 기업들도 성공에 대한 희망을 되살리고 있다. 실제로 창업자의 90퍼센트 이상이 경영학 학위를 갖고 있다.[12] 부자가 되려는 투자자와 기업가의 희망에는 위험이 수반한다.

2016년 프랑스 스타트업 기업의 92퍼센트는 배당금을 지급한 적이 없다.[13] 추정에 따르면 스타트업 기업 65~90퍼센트가 5년 후에 파산한다. 그럼에도 불구하고, 혹은 그렇기 때문에, 스타트업이라는 용어는 미래 창조와 그 대담함, 투기 자본주의의 낙관적인 브라운운동과 *미래*에 대한 희망과 동의어가 되었다.

어려운 생존의 고비를 건넌 기업은 앞서 두 번째로 유명하다고 거론한 유니콘 기업이 되는 것을 바랄 수 있다.[14] 유니콘 기업은 창업 5년 이내에 기업 가치가 10억 달러 이상으로 평가된 기업이다. 이런 기업들은 분명히 스타트업 창업을 꿈꾸게 한다. 전 세계적으로 유니콘 기업은 2013년에는 39개, 2018년에는 331개가 있었는데, 그중에 유럽은 48개(프랑스 4개), 미국 148개, 중국 92개였다. 2021년에 유니콘 기업 수는 1068개로 늘어났는데, 미국이 554개, 중국 180개나 된다. 이들 기업의 총 가치는 프랑스 GDP에 해당하는 2조 8000억 달러를 초과했다.[15] 그렇지만 수익을 내는 기업은 드물다. 투자자들은 여전히 시장의 기하급수적인 성장과 이에 따라 되팔 때 기대되는 재정적 가치에 베팅하고 있다.

명성과 디지털 권력의 정상에 있는 거대 디지털 기업은 가치 평가액이 500억 달러를 초과하는 기업들이다. 이 기업들은 숫자가 매우 적고 규모와 자본 면에서 업계를

압도한다. 거대 디지털 기업으로 미국에는 GAFAM이
라 불리는 구글, 애플, 페이스북(현 메타), 아마존, 마이크
로소프트가 있고, 중국에는 BATX로 불리는 바이두, 알
리바바, 텐센트, 샤오미가 있다. 결국 GAFAM과 BATX
의 대결이다. 경제 양극화는 2010년대 디지털 경쟁에도
그대로 반영된다. 2018년에 세계 시가총액 상위 10개 기
업 중 7개가 디지털 거대 기업이고, 기업 가치가 7000억
달러를 넘는 기업이 1위에서 5위까지 차지했다. 게다가
2019년에는 구글이나 아마존의 가치가 1조 달러를 초과
했다. 이에 비해 프랑스 상위 40개 기업의 가치는 모두 합
쳐서 1조 8000억 달러로 평가되었다.

　　거대 디지털 기업의 영향력은 이중적이다. 이들은 ①
디지털 산업의 상당 부분을 통제하고, ② 가치가 실제 필
요한 자본보다 훨씬 크기 때문에 막대한 유동성을 보유하
고 있다. 따라서 그들은 적절한 시기에 매수한 스타트업
기업의 자금 조달에 참여하여 최고의 기업을 흡수한다.
이리하여 구글은 2001년에서 2019년 사이에 200개 이상
의 회사를 인수했고, 메타는 왓츠앱, TBH, 인스타그램을
인수하여 소셜 네트워크의 다세대 제국을 실효적으로 통
제하고 있다.

　　반면에 거대 디지털 기업들은 가치 평가액에 비해서
실제 성과는 미미하다는 특징이 있다. 2018년에 평가액

이 1조 달러에 달하던 아마존의 실제 수익은 30억 달러에 불과했다. 이 수치는 LVMH나 로레알같이 평가액이 1600억 달러에 불과하던 프랑스 기업과 같은 수준이었다. 그러나 거대 디지털 기업의 시장 점유율은 그들의 수익으로는 디지털 세계 새로운 주인의 진정한 힘을 제대로 표현하지 못할 정도가 되었다. 2004년에 만들어진 페이스북의 사용자는 23억 명이며, 1998년에 생긴 중국 대기업 텐센트는 18억 명이 가입해 있다. 1994년에 설립된 아마존의 매출액은 2008년에서 2018년 사이에 170억 유로에서 1600억 유로로 증가했고, 1999년에 설립된 알리바바의 매출은 2012년에서 2019년 사이에 20억 유로에서 320억 유로로 증가했다.

믿음의 릴레이

이 엄청난 수치는 새로운 개척지, 새로운 시장, 새로운 베팅과 낙관주의를 보여 주는 새로운 투기 활성화의 깃발이다. 디지털화를 통해 투기 엘리트는 변화에 성공했다. 투기 자본주의의 원칙은 더 강화되었다. 그 어느 때보다도 디지털화된 *미래*가 우리를 빨아들이고 있으며 미래의 번영은 현재 지고 있는 부채를 무시할 수 있는 수준으로 만들 것이다. 미래 세계의 아방가르드와 같지만 자금

난에 처해 있던 스타트업 기업과 유니콘 기업과 거대 디지털 기업에 대규모 자금 투입을 감행한 엘리트들은 명성을 되찾았다. 디지털 기업의 높은 시가총액은 새로운 동력의 지표 역할을 한다. 마크 저커버그, 제프 베이조스, 마윈, 일론 머스크 같은 거대 디지털 기업의 대표 주자들은 2008년 위기가 심어 주었던 탐욕스러운 주식 중개인의 이미지에서 벗어난 젊은 투기 엘리트의 초상을 보여 준다. 이들은 젊고 느긋하고 낙관적이며 머리 좋은 억만장자들이다. 스타트업에 투신하는 사람들은 이 새로운 영웅들을 닮고 싶어 하고, 경영학도는 그들을 우상으로 여긴다.

요약해 보자. 2010년대에 특정한 '기술적 돌파구'가 없는 것은 사실이다. 그러나 디지털화는 단순히 지난 몇 년 전부터 재가동된 디지털 투자를 일반화한 것에 그치지 않는다. 그것은 경제의 혁명적인 모습을 약속한다. 디지털화는 경제활동을 자극하는 차원이 아니라, 엄청난 규모로 키우기 위해 경제를 갱신하는 것이다. 자본주의는 열정을 재확인하고 투기에 새로운 실체를 부여하기 위해서 미래의 약속과 업적을 재확인할 필요가 있었다. 나는 자본주의의 이런 되풀이를 믿음의 릴레이라고 부른다.

믿음의 릴레이 덕분에, 이전이라면 아무것도 할 수 없었을 위기에서 더 단단해진 엘리트 테크노크라트는 이제 디지털화라는 대업에 투기함으로써 자금 조달을 계속할 수 있었다. 엘리트는 스스로를 더 젊어지게 했다. 그러나 투기 테크노크라시 전체는 어떠했을까? 믿음의 릴레이는 상징과 깃발을 넘어서 성과를 높이는 전략으로 기업에 확산되지 않았다면 신뢰를 회복할 수 없었을 것이다. 그렇기 때문에 믿음의 릴레이는 성장의 릴레이로 전환되어 기업 조직을 다시 한번 쇄신해야 했다.

10장
디지털 플랫폼 기업으로의 변신

경제 메커니즘은 작동되고 동기화는 계속된다. 2010년대 중반 조직 핵심부에 하나의 동원 원칙이 자리 잡았다. 디지털화는 생존을 위한 필수 요소로서, 놀라운 경제 성장과 완전한 소멸 사이의 갈림길이 된다는 것이다.

앞에서 보았듯이 컨설턴트와 오피니언 리더들이 경제적 가치를 창출하는 방식의 근본적 쇄신으로 촉진한 디지털화는 기업에서 ① 신기술로 대량 수집한 데이터 처리(빅데이터의 약속)와 ② 고객과 공급자 간 편익성에 기반한 제품 및 서비스의 개발(유동적인 경제 교류의 약속)을 통해 새로운 수익원으로 변하고 있다.

빅데이터: 미래는 이미 쓰여 있다

빅데이터의 약속은 다음과 같다. 고객이나 공급자나 직원에 대한 방대한 정보를 축적함으로써 과거의 데이터를 미래에 투영하여 그 향배를 예측할 수 있다는 것이다. *미래는 이미 쓰여 있지만 해석할 수 없는 우리에게는 여전히 알려지지 않은 것과 같다.* 그러나 컴퓨터의 능력은 앞으로 데이터의 방대한 축적뿐만 아니라 빠르고 정교한 처리를 가능하게 할 것이다. 특히 알고리즘을 기반으로 하는 모든 유형의 계산으로 규정하기에는 다소 모호한 면이 있는 일반적 용어인 '인공지능'은 정밀한 초고속 분석을 통해 전례 없는 상관관계를 식별해 낼 수 있다.

따라서 앞으로 의료 진단 지원이나 은행 서류 관리, 도시의 관광객 안내와 같이 다양한 새로운 서비스를 제공할 수 있을 것이다. 이러한 서비스의 특징은 수백만 명의 환자, 고객, 관광객의 데이터를 컴파일링하여 특정 환자, 고객, 관광객에게 유용한 통계적 가능성이 있는 정보를 도출하는 것이다. 즉 빅데이터의 약속은 방대한 양의 디지털 데이터를 '그 사람을 위해 만들어진' 것처럼 보이는 개인별 정보로 변환하는 것이다.

이러한 약속은 개별 사용자가 자신에게 무엇이 좋은지 자신보다 데이터 처리 알고리즘이 더 잘 안다는 환상을 가지고 있다는 점에서 투기적이다. 디지털화된 데이터의 방대한 축적은 개인이 자신의 과거에서 추출할 수 없는 미래를 끌어낸다. 예를 들어, 수백만 건의 사례를 분석하여 어쩌면 한 번도 사용하지 않았을 수도 있는 물질이 신체에 어떤 영향을 미치는지, 또는 어떤 구매가 행해진 뒤에 항상 뒤따라 행해지는 다른 구매가 무엇인지, 심지어는 소비자가 아직 구상도 하지 않은 구매가 행해질지 등을 예측한다. 여기에서 다시 시간의 화살표가 전복된다. 우리의 미래는 데이터를 처리하는 알고리즘에 의해 이미 알려져 있고 밝혀진 것처럼 보인다. 이때 미래는 무한히 매력적인 것으로 보인다.

유연해진 현재

두 번째 큰 약속은 디지털화가 개인들 사이, 회사와 고객이나 직원 사이, 정부와 시민 사이의 관계를 유동적으로 만든다는 것이다. 모든 사람이 동일한 기술로 연결된다. 정보는 보이지 않게 이들 사이를 순환하면서 연결하며 드러난 매개 없이 가상 접촉을 증가시킨다. 문자 메시지나 온라인 쇼핑이나 인터넷 서핑은 궁극적으로 '실제' 사람들의 접촉보다 훨씬 더 유연하고 또 쉽다.

디지털 인터페이스는 사용자의 경험이나 기대, 관행

을 활용하여 사용자를 안내하도록 설계되어 있다. 이것은 정보가 이미 있고 쉽게 찾을 수 있다는 인상을 주어야 한다. 따라서 경제적 가치를 창출하기 위한 경쟁은 경쟁자보다 먼저, 그리고 경쟁자보다 디지털 사용을 더 잘 유동화하는 것으로 이루어진다. 혁신은 일상생활이나 일, 사회적 인터페이스를 용이하게 만들기 때문에 매력적인 미래의 선봉으로 제시되는 수많은 '솔루션'과 제품을 더욱 바람직하게 만들려고 애를 쓴다.

요컨대 빅데이터의 활용과 관계의 유동성은 디지털화가 기업에 제공하는 두 가지 큰 약속이다. 그러나 약속이 곧 이익을 의미하는 것은 아니다. 실제 생산이 필요하므로 기업은 예상되는 기회에 적응해야 한다. 이 변신을 이끌기 위해 투기 테크노크라시가 스스로 변모하고 있다. 그 방법을 살펴보자.

조직 내의 디지털 전문가

다른 곳과 마찬가지로 투기 테크노크라시에서도 지위와 자원 통제와 궁극적으로는 최종 주도권을 보장하는 재원의 투자 규정에 대한 경쟁이 있다는 것을 앞에서 이야기한 바 있다. 그런데 2010년대 초부터 펼쳐진 다음과 같은 상황 변화로 디지털 전문가는 자신에게 유리하게 판을 짤 수 있었다. ① 디지털 전문가는 정보 추출 기술과 정보의 사용을 가능케 하는 알고리즘 개발에 대한 통제권을 가지고 있었으며, ② 2007~2008년 위기로 금융기관의 힘이 많이 약화되었고, ③ 기업은 디지털화가 성과를 이끌어 낸다는 믿음의 릴레이를 필요로 했다.

투기 테크노크라시 내부에서 혁명이 일어나고 있다. 제프 베이조스나 일론 머스크 같은 디지털 세계의 상징이 최고 엘리트에 합류한 것처럼, 다양한 영역과 수준에서 새로운 디지털 전문가를 환영하고 있다. 그러나 투기 자본주의 논리는 그 어느 때보다 표준으로 남아 있다. 따라서 경영진이 바뀌어도 금융화나 엘리트, 중간 집단, 수치의 관료라는 세 층으로 된 계층구조는 바뀌지 않는다.

이러한 변화와 여기서 부과되는 '새로운 역할'을 형상화하는 몇 가지 사례를 보자. 중간 집단 층에는 회사에서 디지털 사용을 계획하는 디지털 프로젝트 관리자, 대규모 데이터를 사용하여 알고리즘을 개발하는 데이터 과학자 혹은 데이터 분석가, 개인정보 보호를 보장하는 데이터 개인정보 보호 책임자, 새로운 '정보 프로세스'를 지원하는 디지털 변환 프로젝트 관리자, 마지막으로 이런 모든 역량을 관리하여 회사 업무로 변환시키는 가장 강력한 전략가인 최고정보책임자(CIO)가 있다. 숫자를 처리하는 하위 관료층에는 고객 관계의 유동성 관리를 담당하는 사람들이 있다. 여기에는 소셜 네트워크를 관리하는 커뮤니티 관리자와 회사의 데이터를 수집하고 분석하는 데이터 마이너, 웹상의 투자를 결정하는 웹 분석가 등이 포함된다.

보다시피 새로운 직종은 아주 다채롭고 전문가의 스펙트럼도 한때 재무이사와 회계사를 분리할 정도로 아주 광범위해졌다. 디지털화 전문가의 역할은 종종 불분명하고 목표는 정확히 파악되지 않는다. "오늘날 디지털화는 더 이상 선택이 아니라 필수다." "디지털화의 기차를 놓치면 안 된다." "이건 중대한 문제다." "모든 것이 점점 더 빨라지고 있다." 이들의 행동력은 이런 주문에 의지해 있다.[1] 흔히 영어로 표현되는 새로운 직종의 명칭은 그 내용을 명확하게 드러내지 않는다.

디지털화 문화와 모든 믿음의 릴레이에도 모호함이 들어 있기 때문에 놀랄 일은 아니다. 디지털 기술 이용이 '파괴적 혁신'이라는 목표로 이해되기 위해서는 '이게 무엇을 위한 것인가?'나 '정말 새로운 것이 무엇인가?'처럼 난처한 질문은 잠시 뒤로 미뤄 둬야 한다. *미래에 대한 확신이 있어야 한다.* 또 평범한 말로 번역된 새로운 디지털 역량이 옛 관리 관행을 재구성한 것처럼 보이거나 내용이 여전히 난해하더라도 크게 중요하지 않다. 이 모호성은 디지털화에 대한 투기가 될 것이다. 그것은 '아무것도 이

해하지 못하는 구세계'의 저항을 무력화하고 디지털 기업
의 약속을 실제로 이행할 기회를 다시 한번 제공한다.

투기 테크노크라시: 연속성과 통합성

물론 새로운 전문가를 환영하지만 실제로 혁명은 일
어나지 않는다. 투기 테크노크라시의 계층구조는 빅뱅
을 겪지 않았다. 금융 전문가들은 지위와 명성을 일부 잃
었지만, 여전히 전능하며 수익 달성을 위해 계속해서 생
산 장치의 방향을 결정하고 관리한다. 최고재무책임자
(CFO)는 여전히 게임의 주인으로 남아 있다. 디지털화
는 금융화의 논리에 이의를 제기하지 않고 이를 이어 간
다. 스프레드시트 기업은 좋은 경영의 전형으로 남아 있
으며 수익 또는 '주주 가치'가 여전히 기업 활동을 주도한
다. 수익 실현, 비율에 따른 노동력 통제, 노동의 매개변수
화는 아무런 변화가 없다. 디지털화 전문가들은 투기 테
크노크라시와 통합되어 이제는 그 조직에 참여한다. 이
위계에서 디지털 전문가가 새로운 권력을 가졌다는 지표
가 있다. 기업에서 금융가가 엄격한 비율과 기준에 따라
자원과 비용을 철저하게 통제하는 반면에, 디지털화에 관
련된 투자는 대부분 재정 수익을 벗어나 있다. 디지털 부
문의 투자는, 다른 부문의 투자에는 지속적으로 요구되는

명분을 벗어나는 '전략적 투자'라는 마법 같은 표현으로 정당화된다.

이 또한 전망의 모호함에서 오는 장점이다. 디지털 테크노크라트의 명성은 한때 비합리적으로 보였던 지출을 사활이 걸린 '필수 비용'인 것처럼 부과한다. 하지만 이러한 투자는 모든 투기적 투자가 그렇듯이 미지의 성과를 보장하면서 *미래*를 창조할 것을 약속함으로써 합리적인 것이 된다. 스타트업 기업, 유니콘 기업, 거대 디지털 기업이 투기 세상에서 얼마나 눈부신 깃발인지 앞 장에서 살펴보았다. 기업 내의 디지털 투자도 마찬가지다. 이것을 걱정하는 사람은 이들 기업의 놀라운 잠재력을 이해하지 못하는 '시내에 뒤처진 사람'으로 분류된다. *미래*가 노래하기를 기다리는 동안 재정적 결과가 만족스러운 수준으로 유지되도록 노력을 배가할 의무가 있는 사람 말이다.

모듈식 건축과 모바일 문화

기업이 디지털 모델에 따라 재편성될 때 디지털화와 기업의 융화가 완성된다. 그러면 상상적인 것의 만남이 일어나는데, 기업은 이제 플랫폼과 애플리케이션을 통해 환경과 관계를 맺는 것이 아니라, 그 자신이 플랫폼이나 애플리케이션이 된다. 환경에 녹아들어 변하면서 스프레드시트 기업은 태블릿 기업의 모습을 띠게 된다. 매개변수는 전망뿐만 아니라 디지털화의 문화와 미학을 통합하고 있다. 회사는 가벼운 동시에 강력하고 유연하며, 지속적으로 공급되고 확장되는 밀집된 네트워크에 연결되어 있어야 한다. 이리하여 기업은 *미래*를 생산하는 투기의 기회를 포착할 능력이 있음을 증명한다.[2]

　　새로운 디지털 테크노크라트들은 젊고 이전 세대의 관리자들과 기꺼이 세대 간 거리를 두고 활동한다. 청바지나 반바지, 흰색 셔츠나 티셔츠 같은 색다른 옷차림과 스스럼없는 행동이 이전 세대와 구별된다. 이들이 사용하는 언어는 금융가만큼이나 난해하지만 그들 사이에서는 적절하다. 그들은 모든 것을 획득할 수 있음을 미리 확신한 사람처럼 평정을 유지하는 듯 보이지만, 기회를 포착하고 변화를 앞당기는 것에 대해 일종의 절박함에 사로잡혀 있는 것 같다. *미래*는 그들에게 미소를 짓는다. 그들은 '아는 자들'의 편에 서는 것에 만족하는 듯 보이며 여전히 부질없이 혁명에 저항하는 자들을 건방진 관대함으로 바라본다. 모든 관리자는 모방을 통해서 이렇게 쿨하고 창의적이고 극적인 놀라운 문화에 적응을 한다. 2010년대 말에 양복과 넥타이를 맨 까칠하거나 도도한 매니저는 과거 관행의 시시한 증인과도 같다.

　　책상 위나 안내 사무소나 엘리베이터의 많은 모니터

가 조직의 자본화를 드러내는 물질적 신호였듯이 작업 공간의 폭발적 증가는 디지털화의 신호다. 과거의 폐쇄된 개인 사무실은 자신이 지녔다고 자랑하는 기술이 노후한 것임을 상징하는 반면에 빅데이터의 세계와 관계의 유동성은 이를 아낌없이 공유하도록 권하고 있다. 고정식 벽을 거부하는 유리 구조와 이동식 파티션이 설치된 디지털화 시대의 기업은 디지털 장치처럼 매끄러워지려 한다. 따라서 작업 공간은 작업자가 보유하고 있는 정보의 교환과 처리를 용이하게 하기 위해 영구적인 상호작용을 해야 하는 플렉스 오피스같이 넓은 오픈스페이스로 설계된다. 거기서 작업자는 지나가다가 노트북을 책상에 꽂고 잠시 작업히다가 떠나 버린다. 유동화 과정의 끝에는 회사가 직원들의 가정으로 확장되는 재택근무로 인해 공간이 외부화되며, 사적 네트워크와 업무 네트워크 간, 고객과 공급자 간의 경계가 희석된다.

논리적으로 사람의 이동성은 축하할 만한 것이다. 디지털화된 세상에서 가장 좋은 것은 움직이면서 생각과 태도와 역할을 바꾸는 사람이다. 정착 생활을 이기는 것은 유목민만이 아니다. 우리는 여전히 계층적, 지리적 이동도 자랑하지만, 지적인 가변성과 잘못 생각할 수 있는 능력, 자신의 의견을 바꾸거나 다른 기반에서 다시 시작할 수 있는 능력을 높이 치고 있다. 나르시시스트의 탄생에서 보았듯이 완전히 새로운 현상은 아니지만, 디지털화는 과거 경험의 축적된 힘을 더욱더 낙후시킨다. 기회를 포착하는 민첩성은 이처럼 유동적인 세계에 적응하는 미덕이 된다.

통제하의 유동성

그러나 여기서 나온 유동성은 겉으로만 그렇다. 유동성은 매개변수화된 시스템에 들어 있는데 수치, 규정, 칸을 채워야 할 도표, 근무 시간 관리 프로그램, 끊임없이 흐르는 이메일, 통제와 보고를 하는 스크린으로 된 하부구조 덕분에 이 시스템 관리는 하나로 연결되어 있다. 현실적인 측면에서 새로운 것은 하나도 없다. 태블릿은 여전히 스프레드시트의 영향을 받는다.

물론 휴대전화와 노트북의 애플리케이션을 통해서 언제 어디서나 연결할 수 있고 모든 직원들은 이와 같은 속도로 필수적인 업무 정보를 받을 수 있다. 타인의 협력 작업에 동조하는 것은 곧 관리 시스템에서 규정한 목표를 실현하는 것이다. 드러나지 않는 알고리즘 때문에 보이지 않을 뿐이지 정보 시스템이 억압적이지 않은 것은 아니다. 그것은 최종 재무 결과와 그 실현에 필요한 중간 결과를 향한다. 전면적인 디지털화 덕분에 정보 시스템은 사용자에 대한 가장 정확한 정보를 수집하고 내역을 알려준다.

　작업자보다 더 큰 자율성이 있는 대규모 정보 시스템의 연동 장치는 작업자가 속한 계층에 따라 다르게 경험된다. 상위 관리자는 이제 운신의 폭이 더 넓어지고, 기회에 맞춰 업무를 혁신하고 적응할 것이 요구되며, 업무 속도에 따라 이동과 시간 사용을 더 잘 통제할 수 있다. 그러나 동시에 기회와 트렌드에 관한 정보를 지속적으로 받기 때문에 업무 강도는 높아졌다. 업무에는 쉬는 시간이 있게 마련이다. 하지만 연결되어 있지 않을 때에도 다른 사람들의 업무 속도에 맞추도록 요구하는 메시지를 받게 된다. 그래서 상위 관리자가 이전보다 더 자율적으로 보일지 몰라도 전면적인 유동성은 작업자들에게 더 딱딱한 제약을 낳는다.

　낮은 계층에 있는 물류 회사의 관리기사는 카메라와 마이크와 이어폰이 있는 헬멧을 착용하고 있다. 각 단계마다 중앙 정보 시스템이 창고에서 제품이 있는 위치를 알려 준다. 장바구니에 싣는 즉시 기사는 카메라로 바코드를 스캔한다. 하나의 작업을 마치면 중앙 컴퓨터는 곧 새로운 명령을 알려 준다. 상급자가 명령을 내릴 필요가 없다. 중앙 시스템에 연결된 카트에서 혼자뿐인 그는 과거보다 훨씬 더 '자율적인' 것처럼 보인다……[3]

　　모든 것은 변하고 어떤 것도 변하지 않는다. 기업은 카멜레온처럼 변모하여 디지털화에 적응하고 디지털화와 비슷해져서 물리적 조직도 여기에 맞추어져 있다. 그러나 이것은 여전히 형태의 변화일 뿐이며 아직 큰 미지수가 남아 있다. 빅데이터와 관계의 유동성이 실제로 수익으로 이어질까, 아니면 수익은 환상에 불과할까? 약속이 지켜지려면 사회 전체가 그 약속을 믿고 게임에 참여해야 한다는 것을 다음 장에서 보게 될 것이다.

11장
투기의 새로운 영역 확장

디지털 기술은 기업을 점령했을 뿐만 아니라 온 사회를 압도했다. 지난 30년 동안 디지털 기술은 인터넷과 개인용 컴퓨터와 휴대전화를 통해 수억 명의 개인을 연결했다. 사적이거나 공적인 연결은 소셜 네트워크를 통해 확장되었다. 준비된 지도도 없이 조금만 움직여도 개인들은 무한한 양의 정보, 흡수 가능성으로 보면 거의 무한대에 가까운 정보와 수천 개의 가능한 지점에 닿을 수 있다. 이런 접촉은 이제 우리 문명과 일상의 일부가 되었다.

개인들이 정보를 수집하고 상품과 서비스의 가치나 품질에 대한 의견을 서로 교환할 수 있게 되면서 투기 테크노크라시의 특정 전문성이 위협받는 것처럼 보인다. 예를 들어 여행, 호텔, 신용, 교통 정보를 다루는 가격 비교 사이트는 더 이상 전문가나 조언자의 도움이 필요하지 않

은 사용자들의 직접적인 평가를 제공한다. 투기 테크노크
라시의 기능 중 하나는 품질의 기준과 '공정한' 가격을 규
정함으로써 구매나 투자 흐름의 방향을 안내하는 것이었
다. 그런데 이제 개인 간의 직접적인 상호 연결을 통해 데
이터와 지식 교환, 심지어 협업까지 가능해지고 있다. 이
처럼 유동적인 사회에서 여전히 '공정 가치'의 기준을 설
정하여 생산을 관리한다고 주장하는 테크노크라시는 어
떤 쓸모가 있을까?

무상 노동의 재평가

　'노동'이라는 것은 일반적으로 생산 조직에서 수행되
면서 그에 따라 보수를 받는 전문적인 일로 한정되어 왔
다. 미셸 드 세르토가 오랫동안 주장했듯이 이런 시각은
오해의 소지가 있다.[1] 일상생활의 많은 부분은 우리의 노
동을 필요로 한다. 가사를 포함해서 집을 관리하고 아이
를 키우는 일과 관련된 노동도 있고, 봉사 활동에 가거나
문화적, 사회적, 정치적 서비스 생산에 참여하는 일도 있
다. 만약 이런 일이 없다면 사회가 존재하지 못할 것이다.
그 외에 인터넷을 통해서나 동네에서 단체 활동에 참여하
기도 한다. 그리고 특별히 다음 장에서 자세히 살펴볼 것
이지만, 최종 소비에 필요한 생산의 일부 단계를 수행하

는 고객으로서의 노동도 있다. 예컨대 설명서를 보면서 가구를 조립하거나, 주유소에서 자동차에 연료를 직접 넣 거나, 인터넷에서 여행을 준비하는 것 등이 해당될 것이 다. 이런 종류의 일은 전문가가 할 수도 있지만 우리가 직 접 할 수도 있다.[2]

국가의 생산이나 고용 통계에는 이런 노동이 들어가 지 않지만, 전문직과는 달리 사적 영역에서 행해지는 이 런 노동은, 만약 그것이 없다면 우리 사회가 제대로 작동 하지 못하는 상당한 부를 창출한다.[3] 이 부(富)를 두고 경 제통계학은 비시장적 부라고 부르는데, 그 이유는 그것 이 정확히 시장 기득권의 평가를 벗어나 있기 때문이다. 우리는 자신의 마음대로 집을 꾸리하고, 마음 내키는 대 로 사교 모임에 참여하고, 협업 프로젝트에 참여한다. 이 런 활동은 대가 없이 행해지기 때문에 시장에서 배제되 고 따라서 가격에 의한 통제와 생산을 관리하는 테크노크 라시로부터 배제된다. 자유는 어떤 의무나 계약에 구속되 지 않는다는 것을 의미한다. 유일하게 부담을 주는 것은 도덕적인 것인데, 그것도 그 활동을 하기로 결정한 그 시 간에만 우리를 구속한다. 이런 노동은 금전적 보상이 없 지만 인정, 봉사의 즐거움, 연대, 능력 향상과 같은 중요한 무형의 보상을 제공한다.

그런데 디지털 기술은 무상 노동을 보다 유동적으로

만들었다. 즉 무료 정보에 대한 접근이 단순화되면서 기하급수적으로 증가했다. 위키피디아나 리눅스같이 개인 전문가들을 연결해 주는 '오픈소스' 프로젝트를 통해 공동 작업을 보다 쉽게 행할 수 있게 되었다. 이런 식으로 수많은 개인의 기술을 비영리 공간에서 새로운 방식으로 사용할 수 있다. 여기서는 목수가 제품을 만드는 기술 영상을 게시하고, 저기서는 아마추어 요리사의 조리법이 공유된다. 여행, 제품 사용법, 온갖 경험이 도처에서 공유되고 있다. 수백만 인터넷 사용자들의 자발적인 작은 노력이 없었다면 인터넷으로 연결된 거대한 라이브러리는 불가능했을 것이다. 비전문 노동은 이런 엄청난 무상의 상호기여 덕분에 스스로 풍요로워졌다. 그래서 전문가의 기술과 '아마추어'의 기술 간격이 사라지는 것은 더 이상 드문 일이 아니게 되었다.

　무상 노동의 디지털화는 결과적으로 시장경제에 치명적인 영향을 미쳤다. 전문 지식이나 전문적인 정보를 교환하는 인터넷 사용자들의 지나친 경쟁으로 출판사나 음반 회사나 여행사들이 사라질 지경이다. 더 일반적으로 말하자면, 무급 노동은 유급 노동과 경쟁하며 투기의 범주로 관리되고 있다. 개인은 정기적으로 제멋대로 여가를 즐기는데, 이런 여가 활동이 기업의 이윤을 올리는 데에 도움을 준다.

자본주의의 종말?

자본주의 역사상 처음으로 수많은 시민들이 생산 수단을 차지하고 있다는 점을 가장 먼저 지적한 사람은 제러미 리프킨이었다.[4] 자본주의 이전 사회에서 땅을 포함한 생산도구는 그것을 이용하는 사람들의 소유였다. 적어도 그들은 생산수단을 자신의 소유물로 생각할 만큼 충분히 오랫동안 사용해 왔다. 마르크스가 확립한 것처럼, 자본주의의 특징은 자본가가 소유한 기계라는 생산수단의 소유권과 프롤레타리아 노동자를 법적으로 분리하는 것이었다. 이때부터 자신의 '노동력'만 갖고 있던 노동자들은 기계를 소유한 사람들에게 노동력을 판매해야만 했다.

디지털 기술은 상황을 변화시키는 것 같다. 디지털화된 경제에서 생산수단은 이제 본질적으로 컴퓨터와 휴대전화로 구성된다. 컴퓨터는 계산하고 휴대전화는 연결한다. 실제로 2017년 프랑스인의 81퍼센트가 개인용 컴퓨터를 가지고 있는데 50퍼센트가 가정에서 매일 사용하고 있다. 94퍼센트는 휴대전화를 보유하고 있으며 그중 74퍼센트가 스마트폰을 보유하고 있는데 이것은 인터넷 연결에 가장 많이 사용되는 도구다.[5] 개인의 디지털 기기 소유 비율이 높은 프랑스인의 4분의 3은 "새로운 기술이나 디지털 서비스를 이용할 용의가 있는데, '즉시' 사용하겠

다는 사람은 24퍼센트, '차츰' 하겠다는 사람은 52퍼센트
다."[6] 디지털화는 기술의 전망과 역량에 대한 투기처럼 일
상 속으로 들어왔다. 그러면서 개인들에게 디지털 도구의
사용 자체가 하나의 목적이며 그래서 *미래에 대한 투자가*
필요하다고 믿게 한다.

　마지막으로, 무상의 비전문 작업을 수행하는 데 사용
되는 것과 동일한 도구가 투기 수익을 창출하는 기업에서
도 사용된다. 따라서 빅데이터 처리와 관계의 유동성이라
는 디지털화가 기업에 약속하는 수익의 두 원천은 사실
소시민인 개미자본가들의 손에 있다고 말할 수 있다. 이
때부터 생산수단은 더 이상 자본가 조직에 집중되지 않고
사회 전반으로 확산된다. 도구와 기계를 소유함으로써 노
동 조직과 노동자에 대한 권력을 쥐고 있었던 과거의 자
본주의는 더 이상 경제 게임의 유일한 주인이 아니다.

　제러미 리프킨과 디지털 혁명의 사도들은 프롤레타
리아와 자본가의 구분이 사라지면서 자본주의는 종말을
고하고 새로운 탈자본주의 경제 질서가 출현할 것이라는
결론을 도출해 낸다.[7]

　몇 년 동안 디지털화의 약속은 정치적 용어로 표현되
었고 일종의 혁명적 도취감이 논쟁을 주도했다. 전면적인
협력 경제의 전망은 산업경제하 전통적 조직의 '임금노동
의 종말'과 함께 1980년대부터 생산을 관리하고 통제한

투기 테크노크라시의 불가피한 붕괴를 예고하고 있다. 이쯤 되면 우리는 사회주의자들만큼이나 자유주의자들이 주장하던 아주 오래된 폐지론의 요구와 다시 만나게 된다. 이들의 주장에 따르면 임금노동은 일반화된 자유기업가 사회를 위해 사라져야 하는 현대의 노예다. 디지털이라는 파괴적 혁신은 이런 희망을 실현할 수 있을까? 사회주의 혁명의 죽어 가는 프로그램이 실리콘밸리의 자유지상주의 괴짜들에 의해 다시 되살아난 것처럼 보였다.

자유롭고 원자화된 이 소자본주의 생산의 시대에 진입하지 못한 일부 국민들의 불안정 논쟁을 통해서 이런 도취감은 진정되었다. 그러나 이 변화에 찬성하든 반대하든 간에, 임금노동의 종말은 일부 과격파에 의하면 냉혹하기는 하지만 그럴듯하다고 여겨졌다.

새로운 임금의 공간

그러나 기대와 달리 선진국에서 자영업은 40년 동안 거의 성장하지 않았다. 2016년 자영업 종사자는 유럽 노동인구의 평균 14퍼센트, 미국 노동인구의 12퍼센트에 불과했다.[8] 이 수준은 1980년대(20퍼센트)보다 낮은데, 주로 소상공인, 농민, 장인들이 무너졌기 때문이다. 예상과는 다르게 2010년대 말에는 많은 자영업자들에게 이익이 되는 유급 노동의 붕괴를 보여 주는 명확한 경향이 없었다.

다른 한편으로 일상에서 시장가치 창출의 기록이 우려되었다. 2018년에는 프랑스 인구의 28퍼센트가 협력 경제를 실행했다.(2016년에는 18퍼센트였다.) 그러나 다른 사람의 재화나 서비스를 유료로 사용한 사람이 78퍼센트고 12퍼센트만 무료로 사용했다.[9] 이 추세에 세 영역이 앞서가게 되는데, 바로 공유차량, 공유숙박, 개인 서비스다. 본격적인 붐이 일어나면 유럽에서 이 영역의 매출은 2025년 5700억 유로에 이를 것으로 추정되며, 이 중 85퍼센트가 개인에게 지급될 것으로 예상된다.[10] 이러한 경향이 너무 강해서 사람들이 거주지를 변두리로 옮기면서까지 주택을 유료 숙박업소로 개조하는 바람에 도심이 혼란스러울 정도였다. 또 당국은 프랑스에서처럼 우버 같은 플랫폼이 개인 차량을 가끔 택시로 사용하는 것에 대해 금지 조처를 내려야 했다.

우리는 지금 임금노동의 소멸이 아니라, 이때까지는 무급 노동이 지배하던 일상 한가운데에서 유급 노동을 통한 시장 수익이 창조되는 공간의 출현을 목격하고 있다. 인터넷은 여전히 대부분 정보나 서비스를 자유롭게 교환하는 장소이며 이를 유지하려는 이념 투쟁이 벌어지고 있다. 그러나 시장의 투기 자본주의는 그 몫을 가차 없이 갉

아먹고 있다. 이른바 우버화(Uberization)란 임금노동의
종말보다는 무상 경제의 종말에 더 가까운 것 같다.

소액 노동자임을 자각하지 못하는 소자본가

　개인들은 직업을 벗어난 공간에서도 왜 임금의 논리
에 사로잡혀 있을까? 산산조각 난 자본주의 논리에서 가
장 분명한 답은 이익을 위한 기회를 찾는다는 것이다. 작
은 유산으로 큰돈을 벌려는 수백만 명의 개미자본가들이
서비스 교환 플랫폼이 제공하는 기회를 잡는 것은 놀라운
일이 아닐 것이다. 물질적 재산이든 기술이나 관계로 이
루어진 무형의 재산이든 관계없이 모든 소자본의 효용을
보장하기 위해, 개인주의는 과거와 같은 무상 교환보다는
대가를 받는 유상 교환을 더 선호하게 한다.
　자본 플랫폼과 노동 플랫폼이라는 두 유형의 플랫폼
이 무상 노동의 가치 평가를 가능하게 해 준다. 전자는 개
인의 소자본을 활용하는 플랫폼으로, 숙박 플랫폼을 이용
하여 개인 간에 빈방을 임대하거나 차량 공유 플랫폼을
이용하여 자동차의 빈자리를 공유하는 것 등이 있다. 후
자인 노동 플랫폼을 통해서는 개인들이 다른 개인이나 기
업을 위해 대가를 받는 노동을 수행할 수 있다. 주문형 서
비스나, 주문 당사자가 규정한 프로세스에 따라 몇 분이

나 몇 시간 동안 간단한 작업을 수행하는 크라우드워킹이
여기에 해당한다. 예를 들어 페이스북 텍스트 번역이나
'좋아요'를 클릭하는 것이나 '팔로워'의 숫자를 늘리기 위
해 트위터 계정에 가입하는 것 등이 속한다.[11]

　자본 플랫폼과 노동 플랫폼을 구분하는 것은 유용하
긴 하지만 오해의 소지도 있다. 자본 플랫폼은 아무 노동
없이 소자본을 활용하는 것처럼 들릴 수 있기 때문이다.
하지만 예를 들어 임대 플랫폼을 통해 방을 제공할 때 우
리는 작지만 실제 호텔리어의 노동을 하고 있다. 취향에
따라 플랫폼 웹사이트에 상품을 올리고, 숙박 시설을 준
비하고, 고객을 응대하고, 고객의 요청을 충족시키고, 고
객의 편안함에 신경 쓰고, 체크아웃된 방은 청소를 하고,
플랫폼에 올라온 평가를 검토하는 등 헤아릴 수 없는 노
동이 수반된다. 이러한 노동에 대해 사용료로 보상을 받
고, 플랫폼에서 정의한 기준과 알고리즘에 따라 고객으로
부터 평가를 받는다. 마지막으로, 자본 플랫폼은 표준화
되고 통제된 서비스 생산과정에 우리를 끌어들이는데, 이
과정이 너무나도 매끄러워서 결국 무시하게 되지만 플랫
폼에서 배제되지 않으려면 철저히 대응해야 한다. 노동
플랫폼은 덜 모호하다. 이 플랫폼은 기업이 규정한 생산
과정에 명확히 통합된 것처럼 나타난다.

　시장경제가 일상으로 확장되는 것에 평가를 내리는

것은 본질적으로 어렵다. 예를 들어, 2016년에 숙박 플랫폼 에어비앤비는 프랑스에서 14만 명의 유급 노동을 창출한 것으로 추정된다.[12] 미국 연구에 따르면 유급 노동을 대체하는 노동 플랫폼은 일반적으로 최대 7퍼센트의 급여 손실을 보상해 준다. 자본 플랫폼은 플랫폼 이용자들의 소득을 15퍼센트 증가시킬 수 있었다.[13] 이리하여 예전에는 사적인 영역에서 무료로 제공되었던 서비스가 상품화되어 간다.

일상 속의 투기 자본주의

이러한 소득은 전통적인 직업 활동에서 나오는 소득에 비해 미미하지만 노동과 투자의 성과를 더욱 개별화하기 위해 경쟁한다. 예전에는 시장과 전혀 관계가 없던 비상업적인 활동이 은연중에 임시직으로 시장 영역에 흡수된다. 히치하이크는 더 이상 이전처럼 쉽게 행해질 수 없게 되었다. 차량 공유 플랫폼이 확산되면서 유료가 되었기 때문이다. 예전에는 손님을 위해 내주던 '손님방'이 이제는 시장가치를 지닌 계산된 투자의 대상이 된다.

산산조각 난 자본주의 논리에서 개미자본가는 노동 범위가 넓어져서 스스로 개미노동자가 되는 것을 무릅쓰고 자기 자본을 투기하는 합리적인 방법을 찾는다. 관광객이 많이 모여드는, 부동산 가격이 높은 대도시에서 유료 숙박 플랫폼이 제공하는 가능성은 투자 자금 조달에 통합될 수 있다. 그런 도시에서 살기 위해서는 자신의 숙소를 가끔씩 내주는 간헐적 호텔리어가 되어야 한다. 우리는 또한 차량이나 다른 장비를 구매하면서도 수익을 낼 수 있으리라 예상한다. 이리하여 언론에서 다음과 같은 대단한 기사를 볼 수 있게 되었다. "써머믹스의 라이벌인 리들에서 오랫동안 기다려 온 프리미엄 조리 기구가 출시되면서 소비자들이 매장에 몰려들어 진열대에서 난리가 났다. (……) 흥미로운 것은, 오전 11시에 중고 거래 사이트인 르봉쿠앵의 일부 거래자가 유명한 '므슈 퀴진 커넥트' 모델을 두 배 가격인 약 600유로로 판매했다는 사실이다."[14] 파격 할인 고객들은 단순한 주방 기구를 두 배의 가격으로 재판매하여 이득을 보았다.

　소비자들이 몰려드는 것은 소비사회의 열광 때문이 아니라 투기 사회의 약속 때문이다. 물론 투기 엘리트가 미래의 실적을 내다보고 하는 것과 비교하면 보잘것없기는 하지만 투기는 투기다. 규모는 작아도 현재의 부채가 *미래*에 의해 창출될 시장가격에 흡수될 것을 예상하고 있기 때문이다. 이렇게 투기 정신은 전통적인 생산 장치를 넘어 확장되고 있다.

　하지만 이것이 전부가 아니다. 기업의 디지털화가 성

공하기 위해서는 고객의 노동을 활용해야 하는데, 다음 장에서 살펴볼 내용이다.

12장
사면서 생산하기

고객의 노동

우리는 종종 구매하는 상품이나 서비스 생산의 마지막 단계를 직접 행할 것을 요청받는다. 이미 언급한 고전적인 예를 살펴보자. 키트 형태로 구입한 가구를 조립하는 것은 예전에는 목수에게 맡겼던 전문적인 노동이며, 차량의 연료를 주유하는 것은 예전에는 주유원이 수행하던 전문적인 작업을 대행하는 것이다. 또 우리는 슈퍼마켓에서 상품을 골라 카트를 채우고는 계산대로 가 물건을 스캔한 뒤 집으로 운반한다. 이런 행동은 이전에는 식료품상이나 계산원이나 배달원같이 다양한 전문가가 수행한 노동 작업이다. 예전에는 유료 노동이었던 서비스가 고객의 노동으로 변했다.[1]

지난 수십 년간 셀프서비스, DIY 및 키트 구매가 이런 식으로 고객을 생산과정에 통합시켰다. 저렴한 가격으로 구매한 상품의 경제적 가치를 고객-노동자 스스로 회복해야 한다. 그의 작업은 정해져 있다. 예를 들어 키트로 구매한 침대 옆 탁자를 합리적인 시간 내에 비교적 쉽게 조립할 수 있도록 기업은 기술적 제약 및 운영 지침에 따라 작업을 수행하는 절차를 신중하게 규정한다. 이것은 고객의 작업이 표준화되어 있어서 수행하기 쉬운 경우에만 허용된다는 점에서 중요하다. 이상적으로는, 작업이 완전히 눈에 띄지 않고 소비 자체의 일부로 여겨지는 것이다.

디지털 생산에 통합된 고객

디지털의 확장으로 개인 영역과 전문 영역에서 컴퓨터와 휴대전화라는 똑같은 디지털 장치가 사용되는 것을 앞에서 살펴보았다. 결과적으로 두 영역은 연결된다. 고객이 인터넷을 검색할 때 남기는 흔적은 기업의 디지털화에 매우 중요한 자료가 된다. 수집 및 가공을 통해 기업은 고객들의 취향, 선택 방식, 시행착오와 함께 검색된 상품들 간의 연결 고리를 추출해 낸다. 이를 바탕으로 고객의 구매 기준에 맞는 제품을 제공할 수 있다. 기업의 디지털화에 수반되는 이익 약속 중의 하나인 빅데이터 개발이 바로 이런 것이다.

 각 기업이 고객 수천 명의 개인정보를 수집해야 한다면 엄청난 비용이 들 것이다. 그러나 디지털화를 통해서 관점도 바뀌고 결실도 맺게 되었다. 데이터 수집을 구매 행위 안에 솜씨 좋게 포함시킴으로써, 고객에게 스스로 정보를 내놓는 아주 값비싼 작업을 수행하도록 하는 문제를 해결한 것이다.

 그러므로 여기서 중요한 것은 실제 소비가 아니라 구매 과정이다. 이 과정에서 고객은 세 가지 중요한 활동을 한다. 첫 번째는 선택 작업이다. 특히 수집한 정보를 평가하고 비교하고 통제해야 하는 인터넷에서 제공되는 수많은 가능성 중에서 선택을 하는 것이다. 두 번째는 구매 가능성이 있는 제품 정보를 얻기 위해 기대치 데이터를 입력하는 자료화 작업이다. 세 번째는 평가 작업인데, 제품 및 서비스에 대한 의견 제시, 만족도 지표나 '좋아요' 같은 평점을 남기는 것이다. 고객 선택을 파악할 수 있는 새로운 정보를 모든 고객들이 스스로 제공하도록 떠안기는 것이다.

 마지막으로 개인용 컴퓨터의 화면은 원하는 상품을 감상하는 단순한 진열대가 아니다. 상품에 접근하여 획득할 뿐 아니라 그 상품을 평가하여 다른 사람들에게 더 매력적으로 보이도록 데이터를 입력하는 작업대이기도 하다.

 종합하면, 고객의 작업은 무시할 수 없을 정도다. 서

구인은 매일 평균 3시간을 인터넷에 머무는데, 여기에는 인터넷을 통해 제품을 선택하고, 주문하고, 평가하고, 비교해서 구매를 결정하는 데 사용한 시간도 포함된다. 이 시간이 모든 사람에게 낭비되는 것은 아니다. 그것을 통해서 우리의 의사 결정 방식에 관한 정보, 그리고 생산자가 유명한 빅데이터에서 수집한 정보도 생성할 수 있다.

소비의 유동화

고객은 왜 이런 식으로 사적인 영역에서 일하는 것에 동의할까? 이러한 활동은 계산도 되지 않고 보상도 받지 않는다. 구매 상품에 대한 가상의 낮은 가격으로 상쇄될 수도 있지만 그런 가격을 찾는 데 시간이 들고 선호도와 선택에 대한 빅데이터를 제공하는 데 도움을 준다.

이 질문에 대한 유일하게 설득력 있는 대답은 다음과 같을 것이다. 고객은 자신의 취향에 대한 정보를 생산하려고 노력하고 있다는 사실을 모르기 때문에 무상으로 일하는 데 동의한 것이다. 자신의 활동을 견딜 수 있으려면 놀이처럼 보여야 하고 시간의 흐름도 눈에 띄지 않아야 한다. 그렇지 않으면 구매 노력이 소비의 즐거움을 방해할 것이고, 더 나쁘게는 하르트무트 로자가 지적했듯이 제품을 선택하고 자료화하고 평가하기 위해 화면 앞에서

작업하면서 보내는 시간이 구매, 즉 소비하는 데 사용하
는 시간이 아니라는 사실을 고객이 깨달을 위험이 있다.[2]
　　연결의 유동성이 기업의 디지털화로 기대되는 수익
의 두 번째 원천이 되는 이유가 여기에서 잘 드러난다. 실
제 고객이나 잠재적인 고객을 사이트로 가장 많이 끌어들
이는 생산자는 그와 함께 정보의 개미생산자를 끌어들이
고 있다. 이렇게 하기 위해서는 구매자의 만족감에 도움
을 주는 방식으로 상품 선택과 자료화와 평가 활동을 즐
겁게 만들어야 한다. 클릭 한 번으로 이뤄지는 마법 같은
'득템', 거실에 앉아서도 고를 수 있는 기쁨, 세상의 끝에
서도 우리를 기다리고 있는 듯한 상품, 까칠한 계산대 점
원도 피하고 기다리는 시간도 절약하는 만족감, 선택의
주도권과 함께 자신이 수많은 간청의 대상이 되었다는 뿌
듯함, 그리고 마지막으로, 제품이 만족스럽지 않으면 지
체 없이 반품하거나 날로 번창하는 온라인 재판매 사이트
에서 되파는 것도 보장된다.

소비자 노동 이용

　　이리하여 모든 것이 다시 한번 동기화된다. 연결의 유
동성은 기업 이익을 증가시킨다. 고객들이 그 사실을 깨
닫지도 못한 채 무상으로 노동하게 했기 때문이다. 디지

털 전문가의 관심사는 클릭 한 번으로 쉽고 즐거운 구매를 보장하는 것이다. 그들은 마케터가 소비자 경험이라고 부르는, 실제 구매 행위에 동반되며 구매를 결정하게 하는 일련의 감정과 사소한 즐거움에 초점을 맞춤으로써 고객과 동기화된다.

고객은 구매 과정에 관한 정보를 생성해 다른 인터넷 사용자가 이용할 수 있도록 함으로써 구매를 완료하지 않은 경우에도 가치를 창출하는데, 이 가치는 기업에서 회수한다. 디지털화와 함께 이루어지는 자본주의의 투기적 베팅은 기업이 고객의 미세한 노동이 제공하는 방대한 데이터를 활용해 고객의 선택 방식을 잘 알게 됨으로써 인디넷 사이드 빙문이 자동직으로 구매에 이트도록 유도할 것이라는 기대에 거는 것이다.

"화면에 접목된 등급, 순위, 카운터, 지도, 추천 및 모든 종류의 메모는 우리 활동의 궤적을 계산하는 새로운 지표다. 알고리즘은 이동, 영수증, 인터넷 클릭, 전자 소비, 태블릿으로 책 읽는 시간, 만보계에 기록된 걸음 수와 같이 점점 더 예상치 못한 데이터로부터 세상을 암호화하고 분류하며 우리 미래를 예측한다."[3] 빅데이터의 위업은 오늘날 기업의 디지털화에 대한 투자가 훗날 폭발적인 판매 덕택에 자금이 조달되고 지금의 부채가 하찮은 수준이 되기를 희망하게 한다.

리프킨의 오류

따라서 리프킨과 그 옹호자들은 디지털화가 사회 전반에 생산수단을 확산시켜 자본주의에서 벗어나는 사회 혁명을 가져올 것이라 기대한 사람들을 실망시킨다. 디지털화는 오히려 투기 자본주의의 전개에 우호적이다. 컴퓨터와 휴대전화는 기술 지배를 피하기 위해서가 아니라 소비자를 기술 지배에 묶어 두는 데에 사용되고 있다. 포스트 자본주의와 임금노동 종말에 대한 열정은 아직 지지부진한 상태다.

내가 보기에 리프킨 일파의 분석 오류는, 3장에서 보았던 것처럼, 제임스 버넘이 그 한계를 예견했던 마르크스에 대한 성급한 해석에 뿌리를 두고 있는 것 같다. 그들은 자본과 노동, 또는 마르크스주의 용어로는 자본가와 프롤레타리아를 엄격하게 대결시키고 있다. 모든 것이 생산수단의 소유에서 정해진다. 생산수단을 소유한 자본가와 그렇지 않은 프롤레타리아가 있으며, 이 구별에 따르면 생산 소유권이 수많은 개인들로 분산, 확장되는 디지털화는 프롤레타리아 계급 그리고 착취 제도로서의 자본주의를 소멸시킬 것이다.

그런데 자본주의는 본질적으로 그런 것이 아니다. 앞에서 보았듯이 자본주의는 무엇보다 사물의 가치를 합리적으로 설정하는 방법을 정하는 권한을 보유한 테크노크라시다. 이 힘은 노동에 대한 평가만큼이나 자본에 대한 평가에도 적용된다. 이 둘의 가격을 결정함으로써 자금 조달(대규모 투자 흐름)과 생산 모두에게 자금 조달이 수익성이 있도록, 즉 노동 성과가 나도록 방향을 규정한다. 따라서 자본주의는 소유권의 문제로 축소되지 않으며 자본의 소유자조차도 자본에 가치를 부여하는 능력을 가진 자에게 종속된다. 축적 자본주의 시절에는 자본을 소유한 사람이 테크노크라시를 구성하고 관리했다. 마르크스가 묘사한 것은 바로 이 자본이다. 겉으로 드러난 것으로 보면 축적 자본주의는 언제나 주주보다는 기업가-자본가를 연상시킨다. 사실 이 시대에는 사업을 지배하는 사람과 자본을 소유한 사람이 같았다. 그러나 이것은 단지 테크노크라시의 특정한 형태일 뿐이며 따라서 자본주의의 한 형태일 뿐이다. 1970년대 이후, 우리가 이 탐사에서 발견한 새로운 정신으로 자본 흐름을 관리한 것은 투기 테크노크라시다.

리프킨과 그 옹호자들의 실수는 자본주의의 근저에 있는 테크노크라시의 변형을 과소평가한 것이다. 그래서 그들은 개미자본가들이 디지털 생산 수단을 소유하자마자 자본주의의 결정에서 자유로워질 것이라고 믿었다. 그런 일은 전혀 일어나지 않았다. 테크노크라시가 소자본

평가뿐 아니라 개미노동의 가격도 계속 관리해 왔기 때문이다. 우리는 앞에서, 일상에서 행해지는 무상 노동이 시장으로 이전될 수 있게 하는 시스템의 변화를 보았다. 구매자가 만들어 낸 가치를 회수함으로써 기업의 디지털화를 수익화하는 것도 같이 보았다.

디지털 포장도로 아래의 중개자들

하지만 이게 전부가 아니다. 어떤 생산수단이 확산되는 것은 서사의 절반일 뿐이다. 나머지 절반은 디지털화가 개인 간의 상호 연결(그리고 이에 따른 고객의 노동을 포함한 무상 활동의 활용)을 보장하기 위해 거대한 산업 인프라를 전제로 한다는 것이다. 케이블이나 광섬유의 관리자가 없으면 네트워크도 없고 데이터베이스와 검색엔진의 생성자가 없으면 개인 간의 교환도 없다. 흐름을 처리하는 알고리즘이 없으면 쉽게 얻을 수 있는 정보도 없을 것이다. 표준과 사용 규칙이 없으면 장기적으로 개인 간의 신뢰도 없어질 것이다. 또 인터넷 사용자는 컴퓨터와 휴대전화의 사용을 승인하고 지시하는 인터페이스로 연결된다. 이러한 중간 권력이 없었다면 일상의 디지털화는 불가능했을지 모른다.

여기서 우리는 엘리트 테크노크라트들이 2008년 위

기에서 벗어나기 위해 의존했던 디지털 산업을 발견한다.[4] 컴퓨터와 휴대전화의 대중 보급으로 대표되는 새로운 물결 속에서 투기 테크노크라시는 네트워크 지배가 생산 통제권을 보장한다는 것을 직감적으로 알아챘다. 이런 변화는 전자 상거래 영역, 인터넷 플랫폼 영역, 전자 결제와 클라우드 같은 디지털 도구 영역, 멀티미디어와 엔터테인먼트와 정보 데이터를 제공하는 디지털 콘텐츠 영역, 하드웨어와 소프트웨어 영역, 데이터 전송 영역 등 디지털 중개자들에게 막대한 자금이 몰려들게 했다. 그 결과 이들 영역에서 세계적인 거대 기업이 생겨났다.

그래서 소자본가들은 결국 디지털 생산도구의 작은 부분만을 차지한다. 그들은 본질적인 영역, 즉 디지털에 필수적인 네트워크, 플랫폼, 응용 프로그램에 대한 주도권은 갖지 못한다. 이런 관점에서 보면 고객으로 일하는 그들은 소자본가의 모습을 한 개미 프롤레타리아라 할 수 있다.

그런데 공공 인프라를 관리하는 디지털 중개자는 어떻게 수익을 얻을 수 있을까? 그들이 수입을 얻는 유형은 대개 세 가지다. 첫 번째는 수수료 또는 구독료로 소비자로부터 직접 수익을 얻으며, 두 번째는 광고나 고객의 관심을 끌기를 원하는 기업의 보조금을 통해 자금을 조달하고, 세 번째는 사용자가 무상으로 제공하는 정보로 만든

빅데이터를 활용하여 디지털을 통해 수익을 올리려는 기업에 판매한다.[5]

　이 모든 경우에 중개자는 네트워크의 사용과 거기서 교환되고 기업이 관심 있어 하는 대량 정보에 대한 접근권을 통제한다. 이 시스템은 도로, 다리, 성문과 같은 교통 기반 시설을 관리하는 사람에게 통행료와 세금을 내도록 강요했던 중세의 제도와 유사하다. 이제부터 인프라는 디지털이다. 개인, 특히 기업이 접속하려면 광고나 보조금 또는 데이터 매입의 형태로 요금을 지불해야 한다. 여기서 나오는 중개인의 수익 모델은 의심할 여지 없이 아주 유망하다. 수십억 인터넷 사용자들의 무상 노동을 착취하여 나온 제품이 '고전적' 경제에 재판매되기 때문이다. 투기 자본주의의 틀 안에서 시장경제는 상인의 경제라는 것을 보여 주는 또 다른 사례다.

총체적 투기

　여기서도 음모나 계산은 없다. 디지털화의 약속에 대한 공통된 믿음으로 조정된 수백만 개인들의 행동으로 투기의 미로가 만들어진다. 투기 테크노크라시가 나머지를 완성한다. 무궁무진한 고객들의 모방적 욕망을 이용하여 고객을 생산 장치와 동기화하고, '디지털화'를 이용하여

164

수익을 올려야 하는 기업들을 편입시킨다.

따라서 이러한 경제적, 문화적 변화를 인터넷 사용자-소비자의 승리로 해석하는 사람들은 잘못 생각하고 있다. 그들은 항상 노동과 자본을, 전문적인 공간과 사적인 공간을, 노동과 소비를 대립시킬 수 있는 것처럼 판단한다. 실제로 소비자-노동자를 넘어서는 글로벌한 수익 목표를 달성하려는 기업에서는 같은 기술적 도구를 사용하여 사적 영역에서도 노동이 계속되고 있다.

이에 반대하여 고객이 작업을 중단하면 기업의 디지털화에 대한 기대는 더 이상 충족될 수 없을 것이다. 그렇게 되면 빅데이터를 통한 판매 수익이 줄어들기 때문에 대형 시장은 문을 닫아야 한다. 기대했던 디지털화의 업적은 사라질 것이고, 디지털 주자들의 높은 주가도 무너질 것이고, 눈부신 미래로 현재의 부채가 하찮은 수준이 되리라는 약속은 지킬 수 없을 것이다. 그렇지만 동시에 매끈한 소비의 즐거움도 끝날 것이고, 미래가 약속하는 것 같은 기회에 대한 구매자의 투기와 궁극적으로 오직 자기만을 위해 만들어진 상품을 산다는 나르시시즘적인 환상도 사라질 것이다.

13장
일하는 나르시시스트

완전히 디지털화된 기업으로 돌아가 보자. 기업에 필요한 작업이 사적 영역에서도 이루어질 수 있으므로 사적 영역의 활동이 기업 내에서도 계속된다는 역명제도 당연히 성립한다. 일과 여가, 공적 공간과 사적 공간, 직장의 시간과 사적인 시간을 구분해 축적 자본주의 산업사회를 형성하던 두 세계의 흔들림 없는 분리는 이제 끝이 났다.

동일한 사람이 직장 일이든 사적인 일이든 다른 공간에서 같은 도구를 사용해 일을 한다. 집의 화면 앞에서 하는 일을 회사에서도 다른 화면 앞에서 한다. 여기서 연결하는 플랫폼이나 거기서 연결하는 플랫폼이나 동일한 플랫폼이다. 그래서 노동자는 기업 내에서도 사적인 활동을 할 수 있다. 여기에는 메시지 수신이나 개인적인 약속, 게임이나 인터넷 쇼핑도 포함된다. 반대로 동일한 노동자가 집에서 직장의 일을 하기도 한다. 주말이나 휴가 중에도 산발적으로 일과 메시지를 처리하는 경우가 더 이상 드물지 않다. 그래서 디지털 기기의 연결을 끊을 권리를 보장하는 2016년의 프랑스 노동법 같은 공적 규제가 필요해졌다.

디지털 작업의 유동성으로 인해 '직장에서' 보낸 시간으로 작업을 평가하는 것은 불가능하고 또 효율적이지도 않다. 이렇게 경계가 무너지면서 새로운 관리 방식이 절실해졌다. 관리자가 직원 관리에서 직면하는 문제는 그들의 관심을 끄는 것이다.

기업의 고객

기업의 노동자는 이제 소비자-노동자로서 사용하기 쉬운 플랫폼, 매끄러운 연결, 문서 기록화와 유동적인 평가 작업이 주는 편안함에 익숙해졌다. 이제 기업에서 느리거나 비효율적인 도구, 불명확한 연결, 사용자 친화적이지 않은 플랫폼이나 즉각 이해되지 않는 정보는 받아들이기 어려워졌다.

나는 이런 현상을 직원들의 늘어나는 무책임이나 신세대의 변덕이나[1] 심지어 '노동 가치의 위기' 탓으로 돌릴 필요가 없다고 생각한다. 일은 고객으로서의 노동자가 집에서도 회사에서도, 그 어디에서도 할 수 있다. 그러나 노동자는 클릭 한 번으로 구매하고, 욕망의 감정으로 반응하고, 요청이 늘수록 관심이 줄어드는 데 익숙한 고객의 사고방식을 가진 전문가처럼 행동한다. 노동의 가치가 변하고 있다면, 그것은 본질적으로 생산이 더 이상 과거처럼 직장 공동체에서 작업 규칙을 정하던 전문 작업실이라는 폐쇄된 공간으로 구획화되지 않기 때문이다.

　그래서 직원들은 고객과 유사하게 쉽고 재미있는 활동을 요구한다. 축적 자본주의 시대에는 기업가나 노동자가 프로젝트를 성공시키기 위해 열심히 일했다고 자랑할 수 있었다. 힘들게 쌓아 온 노력으로 증명된, 고난을 이겨 낸 승리를 즐길 수 있었다. 반면 투기 자본주의 시대에 이러한 명성이 갖춰야 할 요건은 오히려 겉으로 드러나는 노력의 부재, 직장에서의 삶의 질을 보여 주는 쉽고 가벼운 작업이다. 문제는 노동의 '잃어버린 가치'가 아니고, 투기적인 물질사회가 바람직스러운 것으로 만든 노동의 '새로운 가치'다.

디지털 기업의 노동

　스프레드시트 기업에서 금융화는 객관적인 업무 수행, 즉 규정된 목표의 달성을 극대화했다.[2] 기대 수익에 따라 결정된 재정 결과로 환원된 노력의 평가는 전체 목표에 대한 개인의 기여도, 즉 업무 시간, 실현한 이익, 고객 만족도의 정량화 가능성 수준 등으로 측정되고 있다. 이것은 투자와 판매와 이익의 성장으로 변환된다. 실제 작업은 화면, 비율, 보고서, 매개변수를 통해, 궁극적으로는 개인별 보너스를 통해 해석된다.

디지털화는 투기 테크노크라시에 혁명을 일으킨 것이 아니라 디지털 기술의 약속에 부합하도록 그것을 풍부하게 했다. 그리하여 계량과 숫자를 좋아하는 이 숫자의 수호자들은 계속해서 비율을 생성하고 절차를 수립한다. 반면에 디지털화는 일의 주관적이고 개인적인 차원을 극대화했다. 그 원인은 앞에서도 밝힌 바 있다.

① 노동자는 고객처럼, 효율적이지만 더 자유로운, 회사와 독립적인 비전문적 노동자로 자각한다.

② 디지털 활동은 정보 플랫폼에 의해 조정되기 때문에 작업은 더 개인화된다.

③ 그 결과 회사와 각 개인의 사생활 사이의 빈틈이 더 뚜렷해진다.

소자본가인 직원은 다른 데서와 마찬가지로 회사에서 자신의 가치를 높이려 한다. 그에게는 자신의 활동이 보

수나 역량 향상뿐 아니라 즐거움과 흥미 측면에서도 노력
에 대한 충분한 보상을 보장하는지 아는 것이 중요하다.
그는 자신을 소중한 인적 자본이라고 생각하며 자신의 작
업을 전문적이든 비전문적이든 다른 곳에서 할 수 있는
일과 비교한다. 원하는 것을 얻지 못하면 직원은 주저 없
이 회사를 그만두거나 파업을 하는 경우가 많다.

개인 파업

　통계에 따르면 파업은 더 이상 선진국에서 선호되
는 사회적 시위 방식이 아니다. 예를 들어 프랑스에서는
1996년과 2015년 사이에 직원 1000명당 개별 파업 일수
가 363일에서 69일로 줄어들었다.[3] 그러나 여기에는 착시
현상이 있다. 집단적인 업무 중단을 전제로 하는 지금까지
의 파업은 분명히 그 수가 감소했다. 직원들이 작업을 중
단함으로써 자신의 요구를 표현하는 모든 방법을 포기했
을까? 그렇지 않은 것 같다.
　노동자들에게는 투기 자본주의의 나르시시스트적인
개인주의 정신에 더 적합하게 작업을 중단할 수 있는 다
른 수단이 있기 때문이다.
　① 준법투쟁: 경영진이 정의한 기준을 엄격하게 적용
하는 것이다. 작업자는 일반적인 업무 규정을 구체적인

상황에 적용하는 방법을 잘 알고 있기 때문에 가치를 창출한다. 준법투쟁은 '이것은 내 일과 무관합니다' 또는 '내 소관이 아닙니다' 또는 다시 '나는 그렇게 할 권한이 없습니다'와 같은 말로 회사 규칙을 너무 세심하게 적용하여 작업을 차단하는 방법이다.

② 소집 불응: 회사의 동원 요구에 대해 목표 달성을 위한 최소한의 노력만 보장하면서 거리를 유지한다. 이들은 그 정도로 직업 활동이 잠재적으로 해롭다고 생각하기도 한다. 그들은 직원을 동원하는 경영진의 메시지에 별 관심이 없으며, 필요 이상으로 관여하지 않는다.

③ 결근: 결근은 정식 휴가를 받을 수 있는 법적 가능성을 이용하여 파업을 하는 제3의 방법이다. 프랑스의 결근률은 약 3.2퍼센트인데 이것은 독일을 비롯한 다른 유럽 국가와 비교될 만하다. 어디서나 결근의 공식적인 원인은 질병이다. 그렇지만 설문조사에 따르면 질병을 유발하는 요인은 직장에서의 삶의 질 저하, 업무 관련 건강, 직원 본인 또는 가족의 건강 순이다.[4] 다시 말해, 직원은 병가를 이용하여 과도한 업무 강도나 악화된 근무 조건을 조절한다.

조직에 대한 무관심이나 결근은 내가 '개인 파업'이라고 부르는 새로운 형태의 파업을 규정해 준다. 여기에 덧보태어 직원 이직률이 증가하거나 직업병 관련 비용이 추가되면서 누적된 영향은 특히 마감에 민감한 생산에 차질을 빚다가 급기야는 생산을 중단시키기에 이른다. 따라서 관리자의 눈길 밖에서 일어나는 개인 파업은 과거의 집단 파업보다 덜 혼란스럽지만, 그 무작위성 때문에 조직화되지 않아 협상하기가 더 어려울 수 있다. 이것은 투기 자본주의 정신이 장려한 개인적인 해결책을 필요로 한다. 투기 경제의 브라운운동에서는 직원도 찾기 어렵다. 주변의 모든 것이 유동적이고 파악하기 어려운 상황에서, 스스로도 나르시시스트적 개체인 기업이 직원을 어떻게 유인하여 평생 직원으로 유지할 수 있을까?

직장 내 개인 행복 증진

여기서 수십 년 동안 계속해서 반복되어 온 '직원을 회사의 중심에 두라'는 주문이 나온다. 기업의 경계가 희미해지고 개인주의가 일반화될수록 '인간'이 중심에 놓이는 것은 너무나도 당연할 것이다. 시대정신은 노동자인 직원의 기여를 인정하는 기준을 가치가 있다는 한 가지로 요약한다. 경영계에서는 인적 자원을 두고 '희귀 자원', '재능', '높은 잠재력', '높은 지적 잠재력'이라고 이름 붙여 왔다. 그는 직원으로서 자신의 개성을 존중하는 업무 경험이 중요하다. 예전에는 아주 사적인 문제였던 직원의 '일터의 행복'은 이제 관리자에게 달려 있다.[5] 개인 파업이 만연한 상황에서 직원 개인의 발전은 경영 목표 중 하나가 되었고, '최고행복책임자(Chief Happy Officer: CHO)'라는 직책까지 생겨났다.

이런 변화는 잘못된 문화라기보다는 사람들 취향에 더 영합하는 나르시시스트적인 개인 문화에 대처하는 방법으로 볼 수 있다. 기업이 이런 직원을 받아들이는 것은 관리자들이 말하는 '세심한 친절'로 고객을 대하듯이 직원을 나르시시스트로 대하기 때문이다.

하지만 우리는 여전히 투기 테크노크라시가 결정한 가치 평가의 틀 안에 머물러 있다. 따라서 개인에 대한 평가는 그가 지닌 소자본기로서의 가치에 비례한다. 뛰어난 기술이나 명문 학위나 사회관계망과 같은 투기적 가치들로 내적 가치가 높아질수록 그들의 관심은 '삶의 질'이나 '직장에서의 행복'이 된다. 반대로 불성실한 상태로 남아 있을 가능성도 있는데, 이는 역설적이게도 직원 개인의 탁월함을 칭찬하는 관리자의 말이 불성실을 조장할 수 있기 때문이다.

반면에 자본의 가치가 낮은 직장인이 누리는 직장 내 삶의 질은 주로 엘리트를 보살피기 위한 법적 의무와 정책의 혜택을 입을 것이다. 나르시시즘이 일반화된 문화에서는 권위의 관계 속에서도 주관적이고 개인적인 감정이 큰 비중을 차지하기 때문에, 예컨대 기업이나 어린이집의 수위에게 부여되는 유연한 근무 시간 같은 혜택은 분명 작은 것이 아니다.

따라서 위계의 최상위에서 과도한 대우는 높은 임금, 모든 형태의 상징적 보수, 승자의 '스타화'를 조장한다. 위계의 맨 아래에는 물류, 운송, 청소, 보안 등의 일을 하는 눈에 잘 띄지 않는 유동성 노동자들이 있는데, 이들 노동자의 혜택은 보잘것없지만 나르시시즘의 정신은 여전히 시대정신이기 때문에 이들을 격려한다. 그리고 배달원, 가사도우미, 경비원은 다른 사람들과 마찬가지로 각자의 투기를 계산한다. 저숙련 기업의 연간 직원 이직률은 오늘날 60~90퍼센트에 이른다.[6]

집단의 위축과 기술적 조정

개인의 과도한 팽창은 연통관 효과를 내면서 직장의 집단적 차원을 위축시켰다. 물리적 공간의 공유는 오랫동안 직장 공동체의 필수 사항이었다. 안정적인 공용 공간이 없으면 연대나 경청이나 '도움의 손길'의 토대가 되는 조정도 힘들고 구성원들 사이의 미세한 조절도 불가능한 것 같았다. 그러나 이상적으로 디지털화된 기업(태블릿 기업)에서 작업자는 네트워크에 연결하여 자신에게 위임

된 생산 정보를 추출하고 제공한다. 집단 작업은 정보 공유와 파일 원격 공유, 연결 응용 프로그램, 인터넷 비대면 회의 등 협업 방식을 결정하는 절차와 알고리즘에 따라 개인들을 연결하는 기술 구조에 종속되어 있다.

따라서 투기 자본주의의 정신은 협력을 배제하지 않는다. 오히려 협력은 위에서 언급한 주관성의 과잉 때문에 필요하므로 장려된다. 그래서 투기 자본주의는 관리되고 형식화된 프레임워크 안에서 협력을 규정한다. 조직은 물리적 회의를 계획하고, 기술을 통제하며, 활동을 조정하고 개인을 연결하는 응용 프로그램을 만든다. 무상의 작업 공간에서와 마찬가지로 모든 사람은 동료에 대한 의견이나 평가를 포함한 '흔적'을 남긴다. 모두가 각자가 하는 일을 볼 수 있는 오픈스페이스에서 가능했던 집단 통제는 디지털 네트워크에 그대로 동기화되어 이제 모두가 각자가 한 일을 찾을 수 있다.

비공식적인 연대는 이처럼 관리되고 디지털화된 협력에 자리를 내준다. 회사에서 나르시시스트는 더 자율적이며 자신의 리듬과 에너지에 따라 더 많이 일한다. 그러나 또한 자신의 성과를 기록하고 리듬을 정렬하고 목표를 강화하는 공통 알고리즘의 적용을 받는다. 형식적으로 그는 자신이 더 존중받는다고 느낀다. 동시에 그는 경제라는 기계도 자율적이라고 생각한다. 즉 경제가 실제로 자신과 무관하고, 눈치채지 못하게 자신이 사라질 수 있으며, 진정으로 그 의미를 알지 못하는 *미래* 쪽으로 자신을 끌고 간다고 생각한다.

14장
쓸데없는 빚 걱정

세상의 거울로 자신을 본다는 의미에서 나르시시스트적인 '자율적 개인'의 위상이 점점 커지고 있다. 투기 테크노크라시가 관리하는 플랫폼, 네트워크, 애플리케이션 같은 기술 중개를 통해서 '자율적 개인'이 상호 연결되고 있다. 투기 자본주의는 고유의 '함께 살아가는' 처세술을 반세기 전부터 만들어 왔다. 이상이 이 장에서 탐사하려는 내용이다.

건축가 없는 미로

테크노크라시의 초연결과 결합된 나르시시스트적 개인주의는 직업적이거나 비직업적인 투기적 활동뿐 아니라 여행, 여가, 사회관계와 같은 일상생활을 영위하기 위한 활동에도 생명을 불어넣고 있다. 거대한 댄스 플로어에서 수천 명의 사람들이 개별적으로 그러나 동일한 리듬에 따라 몸을 움직이고, 관광지에서는 수천 명의 관광객이 똑같은 여행사에서 관리하는 동일한 모험을 즐기고, 수천 명의 직원이 똑같은 재무 성과를 달성하기 위해 자율적으로 일하고, 수천 명의 인터넷 사용자가 동일한 소셜 네트워크에 로그인하여 혼자 화면을 보는 것도 여기서 나오는 현상이다. 규범과 기술적 구조에 갇혀 있으면서 *미래*에 의해 자석처럼 자화된 입자 같은 개인들의 조합. 바로 이것이 사회, 경제, 문화 및 모든 차원에서 투기 사회의 모태다. 모든 사람은 스스로 충분히 자율적이라고 믿고 있고, 실제로도 자율적이다. 자신이 보기에는.

개인은 규범적이고 기술적인 '시스템'에 완전히 구속받고 있기에 그런 시스템 밖에서는 진정으로 자율적일 것이라고 상상하는 것은 너무 단순한 생각이다. 사실 현대인이 자율성 또는 개인주의적 자유라고 부르는 것은 그런 자율성을 타인의 자율성과 동시에 이루어지게 하는 구조적인 상호 연결이 있을 때 실현될 수 있는 것이다. 직원이 과거보다 더 '자율적'이라면 플랫폼, 오픈스페이스, 등급 또는 성과 비율이 모두 동시에 자유로운 작업을 허용하고 결정하기 때문이다. 그렇지 않으면 회사가 상정하는 집단 작업은 불가능할 것이다. 마찬가지로, 기업이 길을 잃다가 결국은 구매자가 되고 마는 미로의 골목과 진열장을 만들어 놓았기에 고객-노동자는 인터넷의 대형 시장 주위를 기웃거리게 된다.

더군다나 개인들을 연결하는 이런 인프라를 만든 것은 자율적이긴 하지만 똑같은 기술과 똑같은 담론과 똑같은 *미래*의 목표로 통제되고 있는 그 개인들의 참여였다. 댄스 플로어는 춤추는 사람들이 함께 모여 각자의 춤에 의미를 부여하는 덩어리를 이루지 않는다면 무의미한 플랫폼이 되고 말 것이다. 각자의 구매에 영향을 미치는 빅 데이터에 자료를 공급하는 모든 고객-노동자도 마찬가지고, 전자 메시지를 읽고 (물론 자율적이긴 하지만) 다른 사람의 삭업 속노와 상노에 의존하여 언제 어디서나 응답하는 모든 직원도 마찬가지다. 투기 자본주의의 미로에는 위대한 건축가는 없고 사다리를 타고 벽과 복도를 올라가는 수많은 노동자가 있다.

노스탤지어: 의미 상실

사람들의 불평 중에 가장 널리 확인된 것은 의미 상실에 관한 것이다. 오늘은 요구되다가 내일이면 무시되고 마는 자신의 행위와 노력이 과연 어디에 기여하는지를 알지 못하거나, 업무 내용이 분명하지 않고 기업의 존재 이유가 명확하지 않거나 꾸며 낸 티가 날 때마다 사람들은 의미 상실을 절감한다. 모두 익명의 사람들과 소통하거나 쓸데없는 정보를 얻으려고 화면 뒤로 물러나 소셜 네트워크의 미로에서 길을 잃으면서 사람들은 일상생활의 의미 상실을 느낀다. 직접 들을 수도 있는 아주 가까이 있는 사람의 말을 어마어마한 기술의 디지털 네트워크를 통해서 듣고 있을 때에도 그렇고, 소비가 너무나 쉽고 풍부하게 모든 것을 흡수하기에 소비 욕망마저 역겹다고 느낄 때에도 그렇다. 방문 날짜와 사이트에 따라 어떤 정보가 사실이 되기도 거짓이 되기도 할 때나, 가짜 뉴스가 진짜 정보의 의미를 의심하게 만들 때, 모든 것이 연결된 것 같은 글로벌 미로에서 의견이 사방으로 갈리고 토론이 논쟁으로 바뀌고 아무도 모르는 다른 곳에서 결정이 내려지는 것 같을 때 공적 영역에 대한 의미 상실을 느낀다.

그러나 투기 자본주의 정신의 관점에서 보면 의미를 찾으려는 열망은 헛된 향수일 뿐이다. 투기 자본주의에는 찾으려는 의미가 없기 때문이다. *미래가 방향을 정하기에 그 방향은 필연적으로 미래가 만들어 낼 방향이다.* 그 업적은 우리를 매료시킨다. 생활 여건은 확실히 개선되어 미래는 지금까지 없던 모습을 취할 것이다. 투기 자본주의의 영악한 정신은 '위험이 있는 곳에 구원 또한 자라난다'는 횔덜린의 유명한 시구를 자기 식으로 해석하여 이렇게 말한다. 만약 우리가 실제로 혁신의 위험과 문제 제기의 위험, 영구적인 변화의 도전과 기술에 대한 베팅에 따르는 위험을 감수한다면 지금과는 완전히 다른 세상을 건설하게 될 것이며, 그 세상은 가장 최고의 세상은 아닐지 모르지만 지금보다는 더 나은 세상일 것이며, 최고는 항상 미래의 표지가 될 것이라고 말이다.

투기 자본주의의 정신은 오늘날 우리가 성취하는 일의 의미를 완전히 숙지하려고 하는 것은 축적적이고 느린 케케묵은 세계에 계속 발을 담그고 있다는 뜻이라고 속삭인다. 그것은 몽상가의 원기를 돋우는 낙관주의를 잃는 것이고, 혁신과 예언적 기업가, 실수하지 않는 시장, 가장 전도유망한 미래를 향하는 자금 조달의 거대한 능력의 한가운데에 있는 엘리트에 대한 신뢰가 부족한 것이다. 믿음 부족이라는 것이다. 투기 자본주의의 정신은 역사에서 유일하게 가능한 의미는 우리가 몰두하고 있는 투기 테크노크라시뿐인데 왜 여전히 개인 수준의 또는 더 헛된 예전 사회의 의미를 요구하느냐고 나무란다.

개인 대 공동체

투기 자본주의의 활력을 불어넣는 정신은 우리가 이미 느끼는 바와 같이 '구세계'를 대표하는 전통적인 공동체를 몹시 싫어한다. 공통의 '가치'를 규정하고 그 가치를 믿으면서 구성원 개인의 행동을 결정할 정도로 아주 안정적인 집단에 애착을 보이는 가족, 노동조합, 경영자 서클, 장인 연합회, 종교인 그룹 등이 그런 전통적 집단일 것이다. 투기 자본주의가 중개 집단이 없는 개인주의 사회를 요구한다는 것을 어떻게 이해해야 할까?

우리는 테크노크라시의 특징이 사물의 '공정 가치'를 관리하는 권한을 독점하는 것임을 기억하고 있다.[1] 노동과 자본, 서비스와 상품 가격의 합리성을 규정하는 기준과 도구를 테크노크라시가 만들어 낸다. 하지만 탐사를 시작할 때부터 나는 가족, 마을, 도시, 부족, 씨족 같은 자본주의 이전 체제의 전통적인 공동체가 재화나 서비스의 가치를 규정하는 수많은 사회적 하위 공간으로 조성되어 있다는 점을 지적한 바 있다. 어떤 물건은 무상으로 주고 또 어떤 물건은 유상으로 팔아야 하는지, 적정한 가격은 어떻게 정하는지와 같은 공동생활의 규범은 중요한 소비재를 생산하는 좁은 공간 안에서 규정되었다. 교역은 막혀 있었지만 종교적 또는 시민적 '가치'에 따라 통제되기도 했다. 어떤 물건의 '공정가격'이 곳에 따라 다를 수 있었다. 잘한 작업, 업무 분담, 토지 분배, 생산하고 접수받는 방식은 지역사회의 관행에 따라 달랐다. 따라서 사물의 가치 평가를 자본주의적 테크노크라시가 독점하는 것은 이런 공동체들이 지속되는 상황과 모순되는 것 같다. 이것은 당연해 보이지만 너무 일반적인 설명이다. 이런 설명은 투기 자본주의의 특성과 어긋나기에 더 깊이 파고들어 봐야 한다.

이탈리아 철학자 로베르토 에스포지토는 공동체의 기초가 되는 인류학적 원칙은 집단 구성원들이 공유하는 부채를 인정하는 것이라고 설득력 있게 제안했다.[2] 라틴어 어원에 따르면 의무(munus)는 보증금으로 받은 선물이며 공동체(communauté)에 속해 있다는 사실 자체로 계약된 부채라고 볼 수 있다. 부채의 내용은 중요하지 않은데 금전적인 것일 수도 있고 창립자나 전통에 동화된 성스러운 것일 수도 있다. 중요한 것은 공동체의 모든 구성원들이 공동 부채의 보증인이기 때문에 서로 연대감을 느낀다는 점이다. 모든 사람은 그것에 대해 의무가 있다(cum-munus).

예를 들어, 직장 공동체에는 노하우나 작업 기준, 고유한 명예 규약이 있다. 대부분은 삶의 방식이나 입문 의례 등을 통해 전달되는 관행처럼 암묵적이고 계획되지 않은 지식들이다. 그런 규정은 경험으로 축적된 공동체 규칙에 대한 지식과 능력에 기초한 위계질서를 요구한다. 그래서 동반자나 우두머리가 되는 데에는 시간이 필요하다. 이런 공동체에 합류하는 사람은 무형 유산을 상속받는 동시에 그 직종의 모든 동료와 공통의 부채도 지게 되는데, 이를 '의무의 동반자'라고 말한다. 이들은 그것을 존중하고 규범에 동의해야 하며, 혁신도 여전히 공통체 전통에서 나온다.[3]

구성원들이 인정하고 '짊어진' 부채는 공동체 원칙의 핵심이 된다. 이런 부채는 예컨대 '잘한 일', '멋진 기술', 모두에게 해당되는 '명예로운 규범'의 이유와 근거를 규정함으로써 구성원들의 활동에 의미를 부여한다. 따라서 부채에서 나오는 이런 원칙은 개인이 자신의 결정과 행동에 동기를 부여하는 규칙을 스스로 규정할 수 있다고 가정하는 자율성, 즉 개인주의적 자유를 인정하지 않는다. 반대로 공동체가 구성원의 자유를 고양할 때 부채 폐기를 주장하는 자들에 맞서서 공동체의 부채를 인정하면서 구성원들이 독특한 방식으로 자아를 실현할 수 있게 해 준다. 그래서 공동체는 투기 정신에 맞서는 저항의 장소가 될 수 있다.

부채 걱정 없는 사회를 위해

부채의 역사에 관한 탁월한 저서에서 데이비드 그레이버는 고대 종교와 정치 저작물에 나타난 '죄책감', '용서', '구속' 개념과 '부채' 개념 사이의 긴밀한 관련성을 강조한다.[4] 부채의 역할은 항상 채무자에 대한 채권자의 지배를 확고히 하는 것이라고 결론지을 정도로, 부채는 채무자에게 죄책감을 느끼게 하여 통제할 수 있는 수단을 주었다. 빚을 지는 것은 궁극적으로 모든 빚에서 벗어나는 것으로 되어 있는 오늘날의 자유라는 이상에 반하는 것이다.

스스로 아나키스트임을 자랑스러워하는 그레이버는 여기서 투기 자본주의 정신과 만난다. '공동사회'와 '이익사회' 개념은 한 세기 이상 서로 상반되어 왔다.[5] 공통의 의무와 스스로 빚지고 있다는 관습, 암묵적인 지식과 명시적인 위계에 의해 규제되는 집단생활과 공통 의무에 종속되어 있는 오래된 세계를 구현하는 섯이 공동사회 개념이라면, 산업 세계와 자율성, 주체의 개별화, 정보 공유의 세계를 구현하는 것이 이익사회 개념이라 할 수 있다. 전자는 폐쇄적이고 고풍스럽고 억압적인 것으로, 후자는 개방적이고 새롭고 해방적인 것으로 여겨진다. 일도양단으로 구분된 이런 흑백논리는 사회생활에 대한 오늘날의 표현물과 편견에 지속적으로 흔적을 남기고 있다.

축적 자본주의는 공동체에 대해 양면적이었다. 물론 시장이 확장되면서 개인들은 사물의 '가치'와 가격을 규정하는 사회적 집단에서 벗어날 것을 요구받았다. 분업은 회사에 고용되는 직원들이 더 이상 그 직종의 규범이 아

니라 관리자가 규정한 기준의 계약에 서명하게 함으로써
동업자 조합의 종말을 초래했다. 그러나 동시에 회사의
간섭은 가족 공동체 같은 책임을 참조했다. 그 후에도 대
규모 경영 회사는 동업자 공동체의 규칙을 참조해 스스로
를 규제했다.[6]

　　양면성은 오늘날 더 이상 통하지 않는다. 투기 자본주
의는 전통적인 공동체를 단호하게 비난함으로써 현대 정
치사상이 결정적인 단계를 뛰어넘게 했다. 투기 자본주의
에게 가족, 가부장적 기업, 노동조합, 교회 또는 국가 공동
체는 급진적 개인 해방과 유사한 사회 진보와 절대 공존
할 수 없는 것이다. 그런 공동체들은 부채 의무를 부과하
기에 투기 자본주의에는 억압적인 감옥처럼 여겨지기 때
문이다.

　　반면에 *미래*의 약속을 통해서 모든 공동의 부채를 해
결하려 하는 투기 자본주의가 전개된다. 이것이 투기의 특
징이다. 물론 개인의 부채는 인정한다. 하지만 투기 엘리
트에 의해 통제된 거대한 금융 대중은 상환을 의도하지도
않고 우리를 옥죄는 지금의 부채처럼 여기지도 않는다.
앞서 여러 차례 본 것처럼 그 자신이 무의미해질 *미래*를
만드는 것이 부채의 역할이다. 미래는 현재와 충분히 달
라서 부채의 크기가 무의미해지리라는 것이다.

　　투기 자본주의 정신 속에서도 공동체는 우리가 책임

져야 할 과거를 돌아보게 한다. 하지만 악령이 '우리는 부채를 소유로 바꿔 주는 *미래*의 부름을 받았다'고 속삭인다. 우리 관심이 여전히 부채 액수에 머물러 있으면, 우리의 상환 능력에 의구심이 깃들고 투기의 동력도 억제될 것이다. 투기 자본주의가 부채 상환에 대한 집착에서 우리를 벗어나게 하려고 주력하는 것도 이 때문이다. 그것은 *미래*의 성과로 부채 걱정에서 벗어나게 하는 것을 목표로 하면서 동시에 부채에 대해 '죄책감을 느끼게 하는' 공동체를 비난한다.

여기서도 포스트모더니즘 문화나 급진 자유주의 물결을 거론할 필요가 없는 것이, 그것들은 투기 사회를 실현하는 경험적, 사회적, 경제적 조건에 유용한 말일 뿐이다. 그것들은 투기 정신을 위해 가치의 창고인 가족, 노동조합, 교회 같은 전통적인 공동체를 해체하는 데 이바지한다. 그 결과 다음과 같은 일이 일어난다. 첫째로 투기 테크노크라시가 사물의 (시장) '가치'를 결정하는 독점을 보장해 주고 이 방향으로 나아가는 것을 허용해 준다. 둘째로 노동이나 소비 현장에서 개인의 '자율적인' 행동을 동질적인(글로벌한) 방식으로 촉진한다. 셋째로 무엇보다도 부채가 더 이상 문제가 되지 않을 미래의 전망을 받아들이기 위해 부채에 대한 걱정에서 벗어나도록 부추긴다.

공동 부채 없는 세상의 연대

　전통적인 공동체를 비난한다고 해서 모든 형태의 연대가 배제되는 것은 아니다. 사실 오늘날의 문헌, 특히 경영학 분야는 역설적으로 공동체, 즉 '커뮤니티'라는 용어로 가득 차 있다. 실제로는 폐지된 것을 도처에서 확인할 수 있는데도 말로써 지지하는 것은 고전적인(그리고 잔인한) 태도라 할 수 있다.

　이 문헌들은 대개 나쁜 공동체와 좋은 공동체를 구별한다. 나쁜 공동체는 구성원들의 개성과 자율성을 숨 막히게 하는 가치 체계 안에 가두기 때문에 비난받는 공동체들인데, 이런 공동체는 회사 안에서도 맞서 싸워야 하는 일상적인 믿음과 인습을 강요하기도 한다. 반대로 좋은 공동체는 자신의 역량과 취향에 따라 개인의 순수한 선택에 의해 모인 공동체다. 경영학 문헌들은 예컨대 프로젝트를 위해 자신의 지식을 활용하려는 사람들의 모임인 '실천 커뮤니티'를 묘사한다. 지식의 사용에 대한 일반적인 규칙을 수립하기로 결정한 전문가들의 모임인 '인식적 커뮤니티'도 있고, 똑같은 네트워크, 똑같은 애플리케이션 또는 똑같은 게임의 사용자, 대안적 실천 활동가나 똑같은 열정을 공유하는 클럽 회원들이 있는, 인터넷으로 연결된 나르시시스트적인 개인들의 수많은 '가상 커뮤니티'도 있다.[7] 또 '고객 커뮤니티', 즉 어떤 회사의 계정에 들어가서 브랜드나 제품에 대한 취향과 기대나 선호도에 대해 논의하도록 초대받은 '브랜드 커뮤니티'도 볼 수 있다.[8]

많은 커뮤니티가 있지만 '전통적인' 공동체의 의미는 아니다. 사실 이러한 '커뮤니티'의 내용은 그 문제의 전문가들에게도 항상 명확하지는 않다. 아마도 (때로는 오랜 기간) 자발적인 개인들의 그룹으로 나타나는 '협회'라는 용어가 더 적절한 것 같다. 그러나 이 '커뮤니티'는 충성을 맹세하지 않고 '전통적인' 공동체의 특징인 공동 부채를 지는 것을 거부한다. 모두는 이해관계에 따라 자신을 위해 가입한다. 따라서 이런 '커뮤니티'의 구성원은 악독한 규칙을 공유하며 종종 관대함과 열정을 가지고 재정적 지원을 포함하여 강력하게 기여할 수 있다. 또 규칙을 위반하는 경우 제명될 수도 있다. 하지만 자신이 원하는 대로 항상 자유롭게 가입할 수 있고 또 떠날 수도 있다는 사실이 중요하다. 구성원을 구속하는 의무는 없다.

실제로 공동체가 아닌 이런 '커뮤니티'의 가장 특별한 버전은 내가 '감정 커뮤니티'라고 부르는 것이다. 유명 가수의 죽음이나 언론인에 대한 테러, 유명한 건물의 화재, 국가 대표팀의 자랑스러운 성과와 같은 이례적인 사건이 일어났을 때 즉흥적으로 생겨나면서 군중을 하나로 모으

곤 한다. 이런 사건들은 미디어에 의해 증폭된 감정을 공유하는 많은 시민들을 하나로 묶는다. 그들은 갑자기 '함께 모여서' 실종된 가수, 살해된 언론인, 역사적인 건물이나 영광스러운 스포츠맨에게 동일한 감정과 동일한 '부채'를 공유하는 거대한 '공동체'를 구성하는 것 같다.

그러나 그것은 오래가지 못하는 상점처럼 일시적인 부채다. 투기 세계를 반영하는 이 부채는 거품처럼 부풀어 오르지만 열정이 식는 순간 공동체는 개인주의 사회로 해체되고 만다. 감사의 마음으로 이 특별한 순간을 기억하지만 모두들 자율적으로 지내려 한다. 가수, 희생자, 화재나 성과가 잊히듯이 잠시 동안의 부채도 감정과 함께 사그라들고 만다. *미래는 현재의 슬픔을 지워 줄 새로운 감정을 언제나 약속한다.*

전통적인 공동체와 거리가 먼 현실에 '공동체'라는 용어를 사용함으로써 투기 자본주의 정신은 전통적 공동체의 의미가 약화되는 것을 조장한다. 또한 나르시시스트적 개인들의 연대가 취할 수 있는 정치적으로 통제 가능한 형태를 규정한다. 사실 이 연대는 다양하고 강력하지만, 불안정하고 산발적이며 즉흥적이고 감정적이다. 개인의 호의에 기반을 둔 이런 연대는 욕망이나 취향, 이용 가능성에 따라 지속적인 참여 여부가 결정된다. 어떤 의무도 어떤 부채 의식도 그들을 강요하지 않는다. 따라서 이런 연대는 투기 테크노크라시와 우리가 소비하는 사물의 '공정 가치'를 정의하는 권력에 대해 우유부단하고 순간적인 반대만 제기할 뿐이며, 총체적인 투기 자본주의에 효과적으로 저항할 수 없다.

부채와 의구심

투기 자본주의는 마침내 물질적 저항도 없이 전개된다. 투기가 진행되고 약속은 누적되고 *미래*에 더 이상 문제가 되지 않기를 기다리는 동안 부채는 불어난다. 기업의 금융 부채 총합은 2001년에서 2017년 사이에 두 배로 늘어났고 2017년 말에는 세계 GDP의 250퍼센트에 도달했는데, 중국은 257퍼센트, 미국은 254퍼센트에 이르렀다. 부채는 2025년까지 세계 GDP의 300퍼센트를 초과할 것 같다.[9] 기업 및 가계 부채가 전체의 절반 이상이고, 공공 부채가 나머지 절반이다. 2008~2018년 동안 기업 부채의 연간 평균액은 1조 7000억 유로로 2000년대의 두 배이며, 10년 동안 총 누적 부채도 두 배가 되었다.[10]

사회적 부채: 특히 연금과 건강을 보장하는 비용은 OECD 국가 GDP의 평균 21퍼센트에 이르며, 유럽의 큰 국가에서는 25퍼센트를 넘고(프랑스에서는 31퍼센트) 미국은 18퍼센트를 넘는다. 사회적 부채는 인구 고령화

와 함께 엄청나게 증가할 것이다. 동시에 국내 연기금이 관리하는 자본은 OECD 국가 GDP의 130퍼센트(미국은 145퍼센트)를 넘는다.[11] 막대한 돈이 여전히 투기 가능한 상태에 있다.

기후와 환경의 부채: 생태계의 악화와 예상되는 기후 온난화의 결과는 미래 세대가 떠안아야 할 부채를 이루는데 그 비용은 상당 부분 아직 미정이다. 이는 가설의 불확실성으로 인해 토론과 논쟁의 대상이 되고 있다.[12] 예를 들어 미국 글로벌변화연구프로그램의 공식 보고서에 따르면 21세기 환경 부채의 연간 비용은 5000억 달러로 추정되고,[13] 기후변화에 관한 정부간 패널(IPCC)은 기온 상승을 섭씨 1.5도로 제한하는 경우 2016~2035년 사이에 연간 2조 4000억 달러가 소요된다고 보고 있다.[14]

오늘날 글로벌 정보 시스템이 제공하는 수많은 자료 중에서 이 수치들은 우리 사회가 운명을 미래에 얼마나 걸고 있는지 직감하게 해 준다. 불과 40년 만에 이렇게 많은 부채가 발생한 것은 인류 역사상 처음이다. 이런 부채는 현재의 자원을 소비하면서 미래 세대가 갚지 말아야 할 부채로 *미래*의 성과를 준비하는 투기 자본주의의 천재성이 낳은 결과다. 어쨌든 그것이 투기 자본주의의 예언이다. 지금으로서는 믿을 수밖에. 그러나 이제 인류 전체 규모로 커진 대중의 의구심은 합리성의 주장에 의지해서는 더 이상 해소할 수가 없다. 다음 장에서 보겠지만, 차라리 SF의 유혹에 운명을 거는 편이 나을 것이다.

15장
SF의 선용

누적되는 부채, 이루어지지 않는 약속, 무의미함, 불확실한 결과를 위한 노력이 모두 의심을 불러일으킨다. 그러나 의심은 투기의 가장 큰 적이다. 의심은 상황 판단을 정확히 하고, 잠시 멈추어서 '뒤돌아보고', 미래에 대해 걱정하라고 권유한다. 반대로 투기는 현재의 막대한 부채를 무의미한 것으로 만들면서, *미래*에 대한 확고한 믿음을 가지라고 권한다.

이데올로기의 목적은 그런 의심이 싹트는 지적인 원천을 없앰으로써 의심을 종식시키는 것이다. 우리는 앞에서 신자유주의 경제 담론들이 전지전능한 시장의 도그마와 투기 테크노크라트들의 개인적 이해관계의 조율로 뒷받침되는 정보 투명성 이론을 발전시켜 어떻게 그 역할을 해 왔는지 살펴보았다. 교육과 대학 시스템에 물질적으로 확립된 이 이데올로기의 힘에 의해, 투기를 통한 성장 동력에 대항할 수 있는 지적 공간은 줄어들었다.

디지털화가 제공하는 믿음의 릴레이와 함께 새로운 불확실성에 대비할 필요가 있었다. 그래서 2005년부터 통찰력 있는 '대가'들로부터 철학적, 사회적 의도를 담은 수많은 문헌들이 전파되었다. 이 문헌들은 미래 기술을 생산할 '더 나은 세상'은 어떤 세상이며 그런 세상을 향한 진보는 왜 논쟁의 여지가 없는 것인지를 상상의 방식으로 제시한다. 이 탐사의 범위 안에서 나는 이런 문헌들이 투기 자본주의의 전개에 어떻게 기여하는지를 보여 주는 특징 세 가지를 지적하고 싶다. 첫째는 디지털 진화라는 신화이고, 둘째는 영감의 원천으로 SF에 의지한다는 것이며, 셋째는 인간을 아주 단순한 존재로 환원하는 수치심이다.

디지털 진화라는 신화

신자유주의는 '진정한' 자유주의의 원천, 즉 국가의 속박에서 벗어나서 투자의 '공정한' 가치와 그것을 얻기 위해 필요한 성과 수준을 정하는 자유시장을 주창함으로써 금융화와 함께 등장했다는 사실을 앞서 살펴본 바 있다. 치욕스러운 국가개입주의에 의해 수십 년 동안 더럽

혀진 '진정한 자본주의'의 기원으로 돌아가야 한다는 주장은 하나의 신화일 뿐이다.

디지털화되면서 투기 자본주의 정신은 우리를 깊은 과거, 초기 자유주의보다 훨씬 더 먼 과거 속으로 투영하고 있다. 대부분의 저자들은 선사시대, 인간 출현기 때로는 심지어 그 이전 시대인 생명체나 우주의 출현까지 거슬러 올라간다. 예를 들어, MIT 교수이자 이러한 문헌 가운데 대표적인 저서를 펴낸 맥스 테그마크는 우주의 기원으로 돌아가 생명과 인간 지능의 출현을 포함한 우주의 발전이 매우 긴 연속체의 일부임을, 그리고 이것이 2010년대에는 연결된 컴퓨터까지 끊임없이 이어짐을 보여 준다.[1] 세계의 진화는 아메바 시대부터 *미래*의 강력한 컴퓨터에 이르기까지 유기체에 의해 암호화되고 해독된 정보가 배포되는 것으로 여겨진다.

이 연속체는 절대적이고 진보적이다. "복잡성을 유지하고 스스로를 재생산할 수 있는 과정으로 정의되는 생명은 3단계로 발전할 수 있었다. 진화에 의해 하드웨어와 소프트웨어가 만들어진 '생명 1.0'의 생물학적 단계를 거쳐, 학습을 통해서 자신의 소프트웨어를 고안할 수 있는 문화적 단계인 '생명 2.0'과 자신의 하드웨어를 설계하여 자기 운명의 주인이 되는 기술적 단계인 '생명 3.0'이 그것이다."[2] 이런 식의 이야기에 따르면 생물과 무생물을 구성하는 세상의 원재료는 다름 아닌 디지털 정보다. 생명체든 무생물이든 우리가 존재라고 부르는 것은 데이터를 처리하는 방정식과 알고리즘으로 움직이는 다양한 형태의 물질적 소재들이다. 지능은 '자연적인 것'으로 간주되는 다음 두 가지 법칙에 따라 자율적이고 꾸준히 진화한다. 첫째, 지능은 정보처리 능력으로 정의된다. 둘째, 발달은 정보를 가장 빨리 처리하는 기술 지원의 승리를 의미한다. 보다 직접적으로 말하자면, 진화는 디지털적인 것이며 최고의 '컴퓨터'의 승리로 이어질 것이다.

유발 노아 하라리의 베스트셀러와 강연을 통해 대중화된 데이터주의는 우주적 비전의 정점을 이룬다.[3] 보편적 진화는 데이터의 축적 및 처리 그리고 이런 데이터를 최상으로 처리하기 위한 생명체들의 경쟁으로 그려진다. 또 지능은 컴퓨터의 계산 능력에 비유된다. 이 가정에서 출발한 하라리는 "인간은 지금까지 우주에서 가장 정교한 정보처리 시스템이었지만, 이제는 더 이상 그렇지 않다."라고 논리적으로 주장한다.[4] 실제로, 강력한 인공지능을 부여받은 슈퍼컴퓨터는 인간을 여지없이 추월할 것이다. 투기 자본주의에 비추어 세계 역사를 재해석한 그의 책은 세계의 역사만큼 오래된 '자연의' 거대한 빅데이터의 현대적 아바타로서 빅데이터를 받아들일 것을 권한다.(알다시피 빅데이터는 디지털화로부터 수익을 끌어내기 위해서 꼭 필요하다.)

효과적인 거짓말에는 항상 그 말을 신뢰할 수 있게 하는 약간의 진실이 포함되어 있는 것처럼, 이념적 서사에는 항상 지식 조각이 사용된다. 디지털 진화의 지도자들은 합리주의 사상의 두 영웅인 갈릴레이와 다윈을 체계적으로 인용한다. 갈릴레이에게 세상의 책은 '수학적 언어'로 쓰였는데,[5] 그들은 이것을 오늘날 말로 '디지털 언어'라고 번역하고, 다윈은 영구 적응과 자연선택을 '진화'의 엔진으로 보는데,[6] 그들은 진화를 '진보'라고 번역한다.

연속적인 어림셈으로 이들은 두 가지 공리를 도출해 낸다. ① 자연이 디지털 언어로 쓰여 있으면 자연의 모든 것은 디지털이다. ② 진화의 법칙이 있다면, 이 진화 방향으로 나아가는 오늘날의 혁신은 논란의 여지가 없는 것이며 *미래* 전망은 이 진화의 연속이다. 디지털 물질과 진화는 '자연적' 결정론의 일부다. 그리고 마지막으로 투기 자본주의와 디지털화로 열리는 시대는 거침없는 우주적 과정의 영광스러운 표현이자 그 추구일 뿐이다. 이 신화는 은밀하게 인류의 역사를 보잘것없으며 지나치게 과장된 진화의 한 부분으로 만들면서 운명론에 실체를 부여한다. 거기서는 이미 자연 진화의 힘이 새겨져 있는 것에 고개를 숙일 수밖에 없다.

우리는 21세기 초의 경제적, 물질적 현실을 투영하여

과거를 재해석한다. 컴퓨터에 둘러싸여 있다 보니 아메바에서 유인원과 인간에 이르기까지 모든 것을 컴퓨터와 동일시한다. 인터넷 정보 네트워크에 빠져 있다 보니 빅뱅에서 DNA 전사에 이르기까지 모든 것에서 정보 네트워크를 본다. 이기적 기회주의, 경쟁, 성과 추구로 굳어진 이들은 세상의 시작부터 모든 곳에서 똑같은 메커니즘의 작동만 본다. 오늘날의 투기 자본주의는 보편적 진화의 해석적 모체이다. 그렇다면 우리가 그 모험을 계속하라는 초대에 어떻게 응하지 않을 수 있을까? 투기가 우리를 반박할 수 없는 *미래*로 이끌고 있다는 것을 어떻게 여전히 의심할 수 있을까?

그러한 동일시는 종종 저명한 과학자(물리학자, 천체물리학자, 신경물리학자, 역사가)들이 각자의 분야에서 진지하게 생각하기에, 모든 분야에서 그들의 명성과 함께 우리에게 제안된다. 그들이 제공하는 역사 재해석은 새벽의 어둠조차도 일상적 경제 환경의 친숙한 빛으로 밝혀지기 때문에 견고하고 안심이 된다.

현재의 불확실성, 투기 테크노크라시의 권력에 대한 나르시시스트의 의심이 기원에 관한 이 새로운 이야기에서 이렇게 해소된다. 수십억 년 동안 놀라운 우연의 일치로 지금의 디지털 사회로 인도한 이 물질의 간교와 비교할 때 현재 우리가 느끼는 이 비참한 우려는 무엇일까? 바로 이것이 나르시시스트에게 이 모든 것에 의미가 있다는 느낌을 준다.

SF 같은 미래

SF는 디지털 진화론 대가들의 영감의 원천이라고 명시적으로 주장된다. SF가 19세기에 정치적 담론의 한 형태로 탄생한 서술 장르인 만큼 놀라운 일은 아니다. 이것은 과학적 레퍼토리를 바탕으로 소설에 형이상학적이면서도 사실적인 캐릭터를 부여하여 유토피아(또는 디스토피아)를 표현하는 새로운 방식이다. 이 매혹적인 문학은 기술적으로 가능한 미래를 예측하고 제시한다. 서술의 주요 동력은 인간이 당도한 사회 구성을 변화시키는 기술의 업적이다.

SF에서 영감을 얻은 투기 자본주의의 기술적 낙관주의는 신격화의 모습을 취한다. "최근 인공지능의 발전에 직면하여 혁명에 대해 이야기하는 것은 사실 너무 겸손한 것처럼 보이고 우리 사회와 우리 삶 전반을 기다리고 있는 변화는 너무 크다. 영향을 입지 않는 데가 하나도 없다. 우리 삶의 모든 면이 영향받을 것이다."[7] 투기 정신의 전형적인 특성은 다음과 같다. 기술은 너무나 정밀해져서 내일 그것이 작동할지 상상할 수는 없다. 하지만 우리는 인체, 조직 및 도시의 완벽한 관리와 컴퓨터의 기하급수적인 지능, 인간 기술의 발전, 포스트휴머니즘을 비롯해서 상상을 초월할 정도의 공간 정복 같은 것은 이미 예상하고 있다.[8]

맥스 테그마크는 실리콘밸리를 떠오르게 하는 영감속에서 "우리가 이룩한 가장 짜릿한 과학적 발견은, 우리가 삶의 미래 가능성을 너무 과소평가했음을 알게 되었다는 것"이기에 향후 10억 년에 스스로를 투사하라고 주저없이 권한다.[9] 그들은 슬픈 영혼이 아니고서는 넘쳐 나는 즐거움, 감각 및 신체 능력의 확장, 불멸에 이를 정도의 기대수명 연장 등 우리를 기다리는 기술의 성과에 모두 기뻐하지 않을 수 없다고, 아주 녹장석인 허+의 상상을 펼치고 있다.

그러므로 의심하는 것은 SF가 가진 예언의 명성을 무시하는 것이다. 사람들은 향수에 젖은 지루한 문학보다 미래를 예측하는 방법을 아는 환상적인 서사를 선호한다. 메리 셸리는 최초의 트랜스휴먼인 프랑켄슈타인(1818년 출판)을 상상했고 쥘 베른은 천재적이게도 오늘날의 도시나 해저 세계, 화상회의를 예상했다. 체코의 작가 카렐 차페크는 '로봇'이라는 말을 만들었고, 인간과 관련된 기계의 행동을 명시하고 오늘날 로봇공학 윤리의 벤치마크 역할을 하는 기준을 만든 것은 작가 아이작 아시모프 덕

분이다.[10] 워쇼스키 자매의 영화「매트릭스」는 우리와 같
은 순수 네트워크 세계를 묘사하고 있다. 마지막으로 오
늘날 "인공지능은 기계가 SF 영화에서 하는 일을 하게 만
드는 과학이다."[11]

이렇듯, 미래가 의심을 불러일으킬 수 없다는 주장의
증거는 오래전에 우리의 현재를 예견한 기대가 있었고 믿
지 않는 사람들도 있었지만 상상했던 것이 여기저기서 실
제로 이루어졌다는 것이다. 우리는 그런 예언이 뛰어나다
는 증거의 흔적을 사방에서 보고 있다. 그렇다면 오늘의
SF가 내일의 현실이라는 것을 왜 믿지 않는단 말인가?

물론 SF 이야기에서 기술과 대면한 인간은 기술에게
위협을 받기도 한다. 이때 SF에서 반복되는 주제인 인간
소멸, 기계에 의한 인간 대체 같은 심각한 문제가 제기된
다. 이것은 정확히 말하면, 인공적으로 만들어 낸 비인간
을 통하여 인간 본성에 대해 스스로 질문을 던지게 하는,
이 장르의 특유의 매혹적인 심연이라 할 수 있다.

그러나 이 문학 장르를 오늘날 이데올로기적으로 사
용할 때 SF가 근본적으로 인간의 본성에 의문을 제기한
다는 사실은 회피한다. 로봇, 기계, 인공지능에 의한 인간
대체는 이제 피할 수 없는 미래 현실로 간주되는데, 이것
은 확대 적용에서 나오는 것이다. 어느 정도로 그리고 어
떤 속도로 적용할지를 아는 것이 문제다. 이 시대의 '위대

한 스승들'은 더 이상 인간의 본성이 아니라 그 소멸에 대해 궁금해하고 있다. 허구의 대상으로 이동한 것이다. 정교한 기계의 승리는 확실한 것으로 제시된다. 왜냐하면 인간 자신은 단지 기계, 그것도 구식의 기계이기 때문이다. 그래서 스티븐 호킹은 인공지능이 "스스로를 해방시키고 점점 더 빠른 속도로 자신에 대한 생각을 개선할 수도 있다. 느린 생물학적 진화 속도에 갇혀 있는 인간은 경쟁에서 지면서 왕위를 물려줄지 모른다."라고 걱정했다.[12]

인간이라는 수치심

인간이 기계, 특히 고성능 컴퓨터로 대체될 수 있다면 그것은 능력이 제한적이기 때문일 것이다. 인간의 성능 부족은 투기 자본주의의 초경쟁적인 분위기에서는 놀라운 일이 아닌 확인된 사실이다.

슈퍼 프로그램이 세계 최고의 체스 선수와 바둑 기사를 이겼다. 사람들은 놀랐다. 그렇지만 이렇게 설계되어 준비된 기능을 갖춘 프로그램이 체스나 바둑 기사보다 더 빨리 계산하여 이기는 것은 당연한 것 같다. 그렇지 않다면 그것을 발명한 사람들의 노력과 그 개발에 쏟아부은 투자금은 무슨 소용이 있을까? "기본적으로 이런 도구는 단 하나의 전문적인 작업만 수행한다. 단 하나의 작업에

만 투입되며 거기에서만 존재의 정당성이 있다."[13] 따라서
기계는 그것이 발명된 특정 기능을 수행하는 데는 인간보
다 항상 더 낫다.

　기계가 인간 자체를 추월하는 것은 다른 문제다. 마르
크스가 이미 언급했듯이 이런 추월은 기계의 특정 능력
이 인간 능력보다 더 뛰어날 때가 아니라(이것은 방금 말
했듯이 구조적인 조건이다.) 반대로 인간이 기계의 용량
으로 줄어들 때 일어날 수 있다. 인간을 단지 체스 선수로
만 본다면, 최적의 방식으로 게임을 계산하는 기계에 의
해 인간은 분명히 짓밟힐 것이다. 마찬가지로 인간의 일
이 구멍을 파는 작업으로 한정된다면 아주 작은 굴착기로
도 인간은 전멸될 것이다.

　인간이 기계에 지배당하는 것은 기계가 '인간처럼' 격
상되었기 때문이 아니라, 정반대로 인간이 단순한 기계
와 혼동될 정도로 가치가 평가절하될 때이다. 마르크스는
"인간이 기계의 등급으로 전락하면 기계와 인간이 경쟁
한다."라고 말했고,[14] 시몬 베유는 "힘은 그것에 종속된 사
람을 사물로 만드는 것이다."라고 말했다.[15]

　이런 식으로 자신보다 뛰어난 기계의 수준으로 축소
되는 것은 귄터 안더스가 말하는 '프로메테우스의 수치심',
즉 인간이라는 수치심을 일깨운다. "기계가 아니라는 수
치심 속에서 인간은 새로운 발걸음, 즉 인간 사물화 역사

의 두 번째 여정을 시작한다. 이 순간은 인간이 사물의 우월함과 함께 그런 단계에 들어가는 것을 받아들이고, 자신의 사물화를 인정하거나 혹은 자신의 사물화를 결점으로 거부하는 순간이다."[16]

예를 들어 인간의 두뇌를 컴퓨터와 동일시하는 순간 우리는 인간을 기계로 환원하는 데 참여한다. 인간의 두뇌는 여러 컴퓨터 중 하나일 뿐이다. 그런데 여러 작업을 하는 경우 현재나 미래의 컴퓨터보다 훨씬 성능이 떨어진다. 그래서 (여기서 거의 인지할 수 없는 논리적 변화가 있는데) 인간은 이 컴퓨터보다 열등하다. 가련한 두뇌를 가진 개인에게 남은 유일한 것은, 독점적인 것 하나 없이 어쩌다 일시적으로 지성을 부여받은 우연한 존재인 인간에 불과하다는 '프로메테우스의 수치심'뿐이다. 모든 동물 종이 얼마나 지능적인지, 사물들도 얼마나 지능적인지 보여 주는 것이 아주 많다. '스마트' 도시도 있고, '스마트' 전화기, '스마트' 게임기, '인텔리전트 빌딩'도 있다. 말 그대로든 비유적으로든 멍청한 인간을 제외하고는, 연결되고 계산되는 모든 것은 이제 '지능'이 되었다.

SF는 연결된 모든 컴퓨터가 동기화되는 때가 올 것이라고 예언한다. 그 컴퓨터들에서 단 하나의 의식, 즉 인간 두뇌의 우연성과 그 가련한 한계를 벗어나서 모든 인간 의식을 능가하는 의식과 엄청난 지능이 나올 것이다. 이

때가 바로 레이 커즈와일의 명명과 그의 글을 통해서 널리 알려진 '특이점'이라는, 흔하지 않은 특별한 순간일 것이다.[17] SF 애호가들은 많은 환상을 품었다. 커즈와일의 말이 예언의 의도를 가진 망상이었는지 여부와 무관하게 효과를 본 것이 사실이다. 이 말은 많은 기대와 관심을 모으고 또 금융 투기꾼들이 약속한 *미래*가 합리적인 것처럼 보일 수 있었기 때문이다.

그런데 왜 굳이 인간 본성을 폄하하고 부정하기까지 하는 것일까? 인간이 의심하는 것을 막기 위해서는 단 하나의 대답만 있는 것 같다. 인간 한계의 상당 부분은 사실 의심할 수 있다는 데서 나온다. 반면에 컴퓨터는 아무것도 의심하지 않는다. 컴퓨터는 계산하고 승리한다. 인간이라는 수치심에 기능이 있는 것도 바로 이 때문이다. 인간의 수치심은 누적되는 부채와 그것을 흡수한다는 투기 세력 약속의 이행 능력에 대해 궁금해하는 대신 의심의 대상을 바꾼다. 인간은 스스로를 의심하고, 그를 기다리고 있는 놀라운 세계와 이미 그를 추월하고 있는 기계를 이해하는 자신의 능력을 의심하게 된다. 요컨대 인간이 의심하는 것은 *미래*가 아니라 자기 자신이다. 이렇게 해서 투기는 지속될 수 있다.

미노타우로스는 어디에 있나?

　사회적으로 받아들일 수 있는 믿음이 무엇인지 주장하면서 불신자들을 의심하게 만드는 것이 바로 오늘날 사이비 철학과 사이비 과학이 행하는 역할이다. 이들은 기술의 업적을 이용하는데 여기에는 세 가지 추세가 있다. ① 인간의 역사를 우주적 차원의 디지털 진화에 끌어넣는다(진화적 숙명론). ② SF에서 권위를 끌어온다(가상 속에 투영). ③ 인간을 기계적인 성능으로 환원하여 기계보다 열등한 것을 부끄럽게 여기게 한다(반인본주의).

　투기 자본주의의 맥락에 있는 이런 문헌들은 열광이나 공포를 불러일으키면서 우리가 사는 세상에 일종의 신성한 깊이를 준다. 눈앞에서 펼쳐지는 *미래*를 믿어야 한다. 그런데 우리가 이성에 충실한 이상, 현재의 부채나 엄청난 위험, 전례 없는 기대의 실현에 대한 의심을 피할 수 없을 것이다. 여기서 허구의 중요성이 나오는데, 허구는 하찮은 기계로 축소된 인간 존재로 의심의 방향을 돌린다.

　이상적으로는, 부채에 대해 죄책감을 느끼게 하는 공동체에서 떨어져 나온 나르시시스트, 행복한 양심을 가진 나르시시스트, 자신에게 비친 세상을 보고 즐겁게 즐기고 자신의 인간성은 자랑스러워할 만한 공통된 본성이라는 것 말고는 아무것도 의심하지 않는 나르시시스트만 남아 있어야 한다. 이렇게 해서 이 책 서두에 나온 대화 자리에서 내 친구들이 이런 시대정신에 공조해서 나에게 충격을 주었던 그래서 나로 하여금 이 탐사를 시작하게 했던 "인간은 항상 행성을 파괴하는 포식자였다."라는 말이 나올 수 있었던 것이다. 인간이라는 사실에 대한 부끄러움이라는 교훈은 투기 자본주의에 대한 비판이 아니라 일상생활에 고스란히 전해진다. 반인본주의적 숙명론은 나르시시스트가 동의한 철학이다. 이런 숙명론이 계속되는 것은 그것이 편리함의 철학이기 때문이다. 이런 숙명론 덕분에 투기 테크노크라시는 무난하게 계속해서 사물의 가치와 상품, 노동, 신체 또는 감정의 가격을 합리화할 수 있었다. 이렇게 해서 세계는 *미래*를 향해 나아가고 있다.

자본주의의 투기가 만든 미로에서 포스트휴먼의 미노타우로스가 와서 우리를 집어삼킬 것이라고 상상하며 두려워할 필요도 없고, 사악한 천재가 무서운 굉음과 함께 숨어 있던 곳에서 나올까 봐 두려워할 필요도 없다. 투기 자본주의의 정신은 훨씬 더 영악하고, 미노타우로스는 바로 이런 미궁이다.

16장
미래의 독점

어떤 시대에 사회를 구성하는 경제, 기술, 정치, 문화 등 다양한 영역은 상호 의존적인데, 이런 상호 의존성이 그 사회의 상태를 규정한다. 어러 영역에서 하나만 고려하고 나머지는 배제하는 것은 시스템을 너무 단순하게 파악하는 것이다. 모든 것이 연결되어 있다. 투기 자본주의를 탐사한다는 것은 인과관계로 연결된 세상의 그물을 형성하는 실타래에서 실 하나를 당기는 것을 의미했다. 나는 그중에서 가장 사소한, 1970년대 초에 있었던 자금 조달 흐름의 개혁을 선택했다. 이 개혁은 처음에는 투기 테크노크라시의 출현에, 다음에는 생산과 소비와 사고방식의 조정에 유리하게 작용했는데 이것이 하나의 스토리를 만들어 냈다.

그 스토리는 투기 자본주의가 2008년 위기 이후 반복된 소수의 탐욕스럽고 무책임한 왜곡이나 집단적 광기의 결과, 즉 과잉 자본주의의 결과가 아니라고 말한다. 투기는 '사회를 만드는' 하나의 방법으로 변화와 효율성과 경제력의 기초가 된다는 것이다. 허버트 마르쿠제가 맹아기에 예감했던 1차원적 세계를 투기는 체계적으로 실현한다.[1] 사회, 경제, 문화, 정치의 모든 면을 단 하나의 차원(*미래가 제공하는 가능성*)에서만 연결지음으로써 투기자본주의는 인간에게 '기존 질서'를 벗어날 수 있는 어떠한 가능성도 허용하지 않는다.[2]

거울 속에서 사색하는 나르시시스트에게 남은 것은 반인본주의적 숙명론과 복종뿐이다. 더 대단한 편의성과 영구 혁명의 열광을 약속하는 이런 체제를 왜 반대한단 말인가? 그리고 무엇으로 대체할 수 있다는 말인가?

믿지 않는 사람들

그럼에도 믿지 않는 사람들은 투기 자본주의가 우리 사회에 비합리적인 위험을 낳는다고 거칠게 반응할 것이다. 투기 자본주의를 활성화하는 혁신의 브라운운동은 물론 예상치 못한 긍정적인 효과도 낳지만 돌이킬 수 없는 재앙도 낳는다. 더 큰 문제는 미래 번영의 가능성을 삼켜버릴 정도의 적자를 낳을 수 있다는 점이다. 이 가정은 무시할 수 없다.

앞에서 재정적, 사회적, 생태학적 부채에 대해 언급했지만, 현재 부채 수준은 미래 성장으로 인해 상환되거나 현 수준을 유지할 수 없을 것 같다. 더 나쁜 것은 강력한 혁신에 필요한 대규모 자원 파괴가 그보다 많은 부를 생산한다는 확신이 없다는 것이다. 축적 자본주의의 맥락에서 슘페터가 언급했던, 진보는 파괴하는 것보다 더 많은 부를 창출한다는 '창조적 파괴'라는 선입견은 입증된 법칙이 아니다.[3] 이것은 부채가 기하급수적으로 늘어나는 투기 자본주의에서는 통하지 않을 수 있다. 그러므로 이러한 형태의 자본주의를 전개하면 생산하는 것보다 자연적, 물리적, 인적 자원이 더 많이 파괴될 것이다. 부채는 회복할 수 없을 뿐만 아니라 우리 미래의 빈곤을 더 심화시킬 것이다.

에너지 자원의 고갈이나 생물 다양성의 멸종과 이것이 미래 생명에 미칠 결과에 대한 문헌은 상당히 많다. 중대한 신용 위기로 인한 금융 시스템의 돌이킬 수 없는 붕괴에 대한 문헌도 많이 있고, 자본화뿐만 아니라 분배에 따른 연금 시스템의 어려움과 한편으로는 인구 고령화의 덫에 걸리고 다른 한편으로는 임금노동자 감소에 사로잡힌 난점을 이야기하는 문헌도 많다. 믿지 않는 사람들에게, 누적된 부채는 전속력으로 달려서 피하려는 거대한 쓰나미의 파도와 같다.

투기 제도가 지속되는 데에도 의구심이 표명되고 있다. 어떤 의심은 사회적 구조의 취약성과 거기서 나오는 불평등 증가에 우려를 표하고,[4] 또 다른 의심은 끊임없는 혁신에 대응해 욕구를 지속적으로 갱신해야 하는 소비자의 요구에 관한 것이다. '욕망 자극과 만족, 또 새로운 욕망 자극'이라는 주기의 가속화는 불완전하고 실망스러운 만족으로 이어지며, 방해받지 않고 즐기라는 끝없는 명령으로 리비도가 고갈되는 일종의 소비자 우울증을 낳을 수 있다. 우리는 이미 상류층에서 베르그송의 말처럼 '단순한 삶으로의 회귀'가 필요하다는 것을 보고 있다.

투기 자본주의에 대한 세 번째 의심은 기술 시스템의 취약성에 관한 것이다. 투기 자본주의는 '자율적인' 개인들과 그들에 대한 사회적 통제 사이의 상호작용에 필수적인 네트워크를 만들어 냈다. 그런데 이 네트워크는 고장도 나고 사이버 공격의 대상이 되는 것처럼 아주 취약할 뿐 아니라 탐욕과 갈등의 대상도 된다. 또 시스템 유지와 보안에 드는 비용도 증가하면서 창출된 부의 일부를 삼키게 되었다. 말하자면 우리는 점점 더 파괴적인 투자를 해야만 겨우 자기 통제 시스템의 파멸을 피할 수 있는, 한마디로 자기 회복력이 약한 사회를 만들고 있다.

이러한 의심에 현대 민주주의에 '디지털의 무질서'가

제기하는 의심, 특히 매우 큰 규모의 개인 상호 연결의 혼란스러운 영향이 추가된다. 가짜 뉴스는 공유 가능한 진실의 원칙에 의문을 제기한다. 소셜 네트워크가 조장하는 개인 의견의 과대평가는 의미 있는 '토론'에 참여하는 것 같은 착각을 주지만 집단적인 결정으로 이어지지 않으며 결과적으로 거기에 '완전한 자유를 줄' 여지를 남기는데, 이는 실제로 투기 엘리트에게 백지수표를 주는 것이 된다.[5]

결국 투기 정신은 세상이 통일되고 평화롭다는 가정하에서 행해지는 *미래*를 향한 고상한 경쟁을 의미한다. 여기서 행복한 세계화와 '지구촌'이라는 수사학이 나온다. 그런데 사실 투기는 *미래*에 약속된 혜택을 다른 사람보다 더 확보하기 위해 자원과 핵심 기술과 출구 통제를 선점할 것을 전제로 한다. 지정학과 전쟁도 그들의 권리를 지켜 준다. 군사 분야에 반영된 혁신 경쟁은 국가 간 혹은 대륙 간의 잠재적인 갈등을 조장한다. 미국이 자신이 보기에 자국의 헤게모니를 위협하고 있으며 제때에 막지 못하면 돌이킬 수 없을 정도로 위협할 수 있는 중국의 부상을 우려의 시선으로 보는 것도 이 때문이다.[6]

마지막으로 트랜스휴머니즘과 사이보그 및 '지능형' 로봇에 대한 투자가 준비하고 있는 바로 그 인류의 미래에 관한 의구심이 있다. 이제 연구의 대상이 된 인간은 자

신의 구원을 기술의 진보에만 맡기며 '인간의 수치심'으
로 전락하여 그에게 약속된 *미래*의 승리와 함께 마침내
사라질 수도 있게 되었다. 이는 투기 자본주의의 관중 없
는 피날레가 될 것이다.

이상한 나라의 심술

이 탐사를 통해 우리는 자본주의의 영악한 정신이 *미래*는 구원의 유일한 길이라는 신뢰를 확립하기 위해 현실주의, 열정, 낙관주의와 SF를 혼합해 늘어나는 이 의심의 목록에 체계적으로 반응하는 것을 보았다. 다음에서는 이 영악한 정신의 주장을 몇 가지 축으로 압축하고자 한다. 우리가 이미 언급한 이것은 우두머리 전문가에서 겸손한 수치의 관료에 이르기까지 테크노크라시의 다양한 수준에서 반복되어 나타나던 것이다.

부채 액수에 대한 두려움은 위험을 감수하는 방법을 알고 있는 '기업가들'과 선천적으로 위험을 꺼리는 조심성 많은 사람들 사이의 고전적인 대조를 보여 준다. 후자에게 명령을 맡기면 우리는 제한된 평범함 속에서 정체상태에 빠졌을 것이고, 그 반면에 '선지자들'은 그들이 제기하는 문제의 해결책을 찾은 세계로 우리를 투사할 것이다. 글로벌 성장은 이미 부채 일부를 흡수했으며, 신흥 국

가는 충분한 발전 수준에 도달하면 오늘날의 부채를 청산할 수 있을 것이다. '변화에 대한 저항'은 세계만큼이나 오래되었다. 그러나 우리는 낙관주의와 두려움, 역동성과 공포 중 하나를 선택해야 한다. 과거와 마찬가지로 우리는 세상 변화에 따라 문제를 해결할 것인데, 기술 수단이 점점 더 많아질수록 훨씬 더 쉽게 문제를 해결할 것이다. 이것이 우리 두려움에 대한 대답이다.

사회의 약화에 관해 의심하는 사람들에게 투기 자본주의의 영악한 정신은 그런 것은 과거 사회, 즉 공동체 사회이자 친밀하지만 동시에 숨 막히는 인간관계를 유지하던 사회에 기반을 둔 생각이라고 반박한다. 불평등이나 욕망의 고갈을 보는 것은 옛날 사람들의 시선이다. 그러나 세상은 변하고 있으며, 우리는 모두가 나르시시스트적 개인인 개방적이고 글로벌한 문명에 들어섰다. 불평등에도 불구하고 지난 30년 동안 빈곤율은 감소했고[7] 구매력은 꾸준히 증가했다.[8] 가상 게임이나 3차원 공간과 같은 디지털 기술은 이미 인간의 리비도를 '증가'시킬 뜻밖의 욕망과 즐거움의 가능성을 열고 있다. 인간은 활동과 즐거움의 새로운 대륙을 탐험할 것이다.

마지막으로 네트워크의 취약성과 기술 비용 문제는 모두 경제 및 사회 발전의 결과다. 그러나 다시 말하지만 기술은 우리를 위협하는 위험에 대한 치료제이기도 하다.

실제로 핵폭탄 소지자가 핵폭탄을 사용하는 것을 금지하는 핵무기금지조약이 오랜 기간 평화로운 시대를 열었던 것처럼, 인공지능이나 고급 로봇공학이 여러 나라에 충분히 공유된다면, 잠재적인 적국이 자신의 기술력을 제한할 수 있을 정도로 충분한 기술력을 갖고 있다는 것을 모든 나라가 충분히 알기 때문에 호전적인 사용을 배제할 수 있을 것이다.

인간의 종말에 관해서는, 이 인간이 옛날의 인본주의가 주장하던 역기능과 장애, 의심을 가진 예전 사람을 의미한다면, 이것이 더 이상 문제가 아니라 오히려 해결책이라는 것을 알게 되었다. 더 나은 사회를 건설하려면 개선된 인간도 나와야 한다.

결국 투기 자본주의 정신의 마지막 주장은 다음과 같다. 그렇다면 무엇으로 대체할 것인가? 단순히 의심의 문제가 아니라 의심에서 행동으로 옮겨 갈 수 있는 확실한 대안을 찾아야 한다. *미래*가 현재의 문제에 해결책을 제공할 것이라고 믿지 않는다면, 다른 정치적 구상은 과연 어디에 기반을 두어야 할까? 과거에 기초해야 한다면 어느 시점으로 돌아가야 할까? 투기 자본주의의 영악한 정신은 이처럼 확실성에 근거하여 반대자들을 하나씩 제거할 수 있다. 다음에서 살펴보자.

전면적인 청산[9]

자본주의에 대한 고전적 저항은 혁명적 반자본주의자들에 의해 오랫동안 행해져 왔다. 그것은 생산수단의 사적 소유에 대한 비판에 기반을 두고 있다. 프랑스 공산당의 주역이었던 폴 바양쿠튀리에에 따르면, 사회주의는 사유재산의 전능을 바로잡음으로써 대중의 해방을 보장하고 더 나은 미래, 즉 '노래하는 내일'의 미래로 이끄는 것이었다. 여기서 이 운동과 반세기 전부터 거의 완전히 무너진 역사를 자세히 이야기하려면 너무 오랜 시간이 걸릴 것이다.

여기서는 혁명운동이 투기 자본주의 정신에 흡수되었다는 가설을 내세우는 것으로 만족하려 한다. 이 가설에는 몇 가지 단서가 있다.

① 시대의 일치: 혁명운동은 1970년대 중반에 쇠퇴하기 시작했는데, 정확히는 투기 자본주의가 등장했을 때였다. 투기 자본주의의 경쟁이 혁명가들로 하여금 그들이 한때 약속했던 '빛나는 *미래*'를 다시 공식화할 수 없게 만든 것처럼, 대중운동으로서의 혁명운동은 아주 빠르게 사라진다. 이 실종의 원인으로 소련의 붕괴가 주기적으로 제기되고는 있지만, 혁명운동의 쇠퇴가 먼저였으며 매력적인 이념의 기둥으로서의 소련은 1980년대 후반에 이미

존재하지 않았다.

② 중국의 그림자: 문화대혁명과 대약진운동의 나라 중국은 공식적으로 '혁명'의 나라이자 공산주의로 남아 있는 몇 안 되는 나라이면서, 투기 자본주의의 승리이기도 하다. 1975년 덩샤오핑이 시작한 4대 현대화 사업이 부여한 개혁에서 중국 제국은 근면하고 값싼 노동력을 찾는 데 기뻐하면서 서방이 쏟아부은 막대한 자금의 혜택을 받았다. 1980년대 말에 중국은 문화대혁명을 종결하고 격앙된 민족주의로 변한 마오이즘을 개혁했으며, 2050년까지 중국을 제1강국으로 만든다는 위대한 *미래* 계획을 실현하는 데 생산 에너지를 투입했다.[10]

③ 개종한 히피족: 반면에 서구에서는 실리콘밸리 기업가들이 1950년대 유토피아적 사이버네틱스의 후계자이며 1960년대 반문화에 이념적 뿌리를 두고 있다는 지적이 많이 있다. 대담한 스타트업의 야망은 이제 디지털화된 사회적 유동성과 상호 연결이라는 수단을 통해 '세상을 바꾸려는' 이상을 다시 표명하고 있다.[11]

물론 단서는 증거가 아니며 논문으로 그것을 심화시키기 위해서는 차분히 역사적 분석을 해야 할 것이다. 그렇지만 이 단서들은 반자본주의적 혁명의 상상력이 투기 자본주의에 흡수되었다는 가설을 제시할 수 있게 해 준다. 매우 장기적인 '진화'의 일부로서 영구적인 변형을 설교하는 시스템에서 어떻게 '혁명'을 제안할 수 있을까? 그러한 *미래*가 투기 약속의 핵심인데 어떻게 여전히 '밝은 미래'를 약속할 수 있을까? 모든 곳에서 나르시시스트의 자율성이 장려되는 상황에서 어떻게 개인의 해방을 이야기할 수 있을까? 소자본가들에게 자본주의의 종말을 어떻게 알릴 수 있을까?

내 말은 투기 자본주의가 혁명적 진보주의의 목표를 달성하는 것이 아니라 오히려 그 목표의 현실성을 떨어뜨린다는 말이다. 혁명적 진보주의에 참여하는 원동력이던 *미래*의 위업을 투기 자본주의가 대신 촉진하기 때문에 효과적인 확신을 위한 혁명적 진보주의의 능력을 박탈해 버렸다. 앞으로는 여러 가능성 중에서 투기의 결실에 그치지 않는 새롭고 더 나은 세상을 제시하기 위한 진지한 이념적 노력이 필요할 것이다. 진보주의는 자본주의의 영악한 정신에 대해 진지한 저항을 제공하지 않는다.

보수의 대응은 투기 자본주의에 대한 저항의 두 번째 전선을 이루고 있다. 이 전선은 마지노선처럼 가장 견고하지만 동시에 비효율적인 전선이다. *미래*의 실현 앞에서 보수주의는 완벽하게 대칭적인 과거의 미덕을 노래한다. 보수주의는 '전통적인' 가치라든지 '과거의 삶'으로의 회귀, 열렬히 존중되어야 하는 영원한 자연, 더 겸손하게는 과거의 축적 및 가족 자본주의의 미덕을 옹호한다.

투기 자본주의에 반대 입장을 취하기 위해 전통적인 태도에 의지할수록 잠재적 저항은 더 견고해 보인다. 그러나 바로 이 태도 때문에 저항은 효과가 없다. 과거에 대한 향수는 단단한 바위처럼 변화를 거부하는 것 말고는 미래에 대해서 그럴듯한 어떤 것도 말하지 못하게 한다. 심지어 그 자신은 퇴보하고 있다고 의심하는 것조차 거부하면서 상대편이 진보를 마음대로 규정하도록 충분한 여지를 줄 수 있다. 이렇게 해서 투기 자본주의에게 보수주의는 아무런 위험 부담 없이 그 병적인 무기력을 비난함으로써 자신의 상큼한 약속의 가치를 높일 수 있는 최선의 적이라 할 수 있다.

마지막으로, 방대하고 이질적인 환경운동 영역에 세 번째 저항 전선이 나 있다. 이들은 투기 자본주의가 지구, 특히 자연에 끼치는 위협이 반대를 정당화해 준다고 본다. 1970년대 초에 나온 첫 번째 버전에서 강력하게 반자본주의적이었던 이 운동은 앞서 언급한 혁명적 진보주의의 수사학과 함께 시작되었다. 예를 들어 뛰어난 사상가 중 한 사람인 앙드레 고르츠는 자본주의적 축적이 자원을 돌이킬 수 없을 정도로 파괴한다고 주장했다.[12] 정치생태학은 자크 엘륄이나 더 최근에는 알랭 그라가 그랬던 것처럼 인본주의를 기술 독재의 반대 개념으로 주장했다.[13] 이 운동은 이단적인 경제학자의 니콜라스 게오르게스쿠

뢰겐과 그를 계승한 탈성장 사조의 영향을 받았는데, 이 것은 투기의 고리를 피하기 위해 발전에 대해서 지속 가능한 감소를 제시함으로써 자본주의적 축적으로부터 수용 가능한 출구를 일관된 방식으로 확립하고자 했다. 그러나 이 운동이 성공하지 못한 것은 여전히 자본주의 정신의 유혹을 과소평가했기 때문일 것이다.[14]

이제 대중 대다수에서 생태주의 경향의 위치는 더 이상 초기 녹색당만큼 급진적이지 않다. 정확한 정치적 비전 없이 더 기회주의적인 오늘날 환경운동은 환경 위기의 비극적 현실에 대한 동원 능력과 행동 능력을 기반으로 한다. 지구 혹은 생물 다양성을 지키는 것이 기본 주제다. 한정된 자원으로 개발의 지평이 세한되는 기회주의적 환경운동은 다가오는 재앙을 비난하면서 이를 피하기 위한 정치적, 경제적 조치를 요구한다. 환경운동은 혁명적인 '그랑 수아르(Grand Soir, 19세기 말 기존 사회 질서의 급진적 격변에 대한 희망을 표현한 개념이다. — 옮긴이)'를 무서운 황혼의 위협으로 대체한다. 그런데 누구에게 무서운 것일까? 나르시시스트 소자본가의 만족스러운 양심에 대항하여 환경운동은 자신의 환경을 파괴하는 인간의 수치스러운 양심을 내세우면서 행동 능력과 영역을 찾는다. 그러나 그 때문에 환경운동은 무력해진다.

환경운동은 한편으로 인간의 죄책감과 '인간이라는

수치심'을 유지하기 때문에 이제 인간은 기계보다 열등할 뿐만 아니라 동물의 생명을 죽이고 지구를 파괴하는 자이기도 하다. 한마디로 모든 면에서 형편없는 존재다. 우리가 보았듯이 반인본주의는 투기 자본주의에 힘을 주면서 그것의 기술적 전개를 정당화한다. 기회주의적 환경운동은 이를 간접적으로 장려함으로써 자신이 대적하고 있다고 믿는 것을 은근히 강화시켜 준다. 환경운동은 인간 공동체, 자신의 본성과 존엄성과 운명을 요구하는 인간이라는 종에 뿌리 내리고 있을 궁극적인 저항을 금한다. 그러나 더 이상 지켜야 할 인류가 없다면 남는 것은 세상을 황폐하게 만들었다는 수치심뿐이다. 그리고 일부 극단적인 생태학자들이 마침내 해로운 인간으로부터 해방된 자연을 희망할 때 그들은 하찮은 인간으로부터 자유로운 사회, 즉 극단적 해결책과의 제휴를 제안하는 극단적 트랜스휴머니즘에 합류하게 될 것이다.

다른 한편으로 겁을 주고 양심을 일깨우고 '해결책을 찾기' 위해 환경 파괴에 관해 외치는 것은, 투기 자본주의도 그런 우려를 낳는다는 사실을 깨닫지 못한 것이다. 앞에서 살펴보았듯이 감정 커뮤니티는 투기 자본주의 정신과 가장 잘 어울리는 사회적 행동 형태다. 투기 자본주의는 자신이 만들어 낸 재앙에 대한 해결책을 자처한다. 유전공학, 과학 연구, 신기술, 인공지능 등은 우리를 위협하는 재앙에 대한 치유책을 제공해 줄 것을 굳게 약속한다. 끔찍한 미래의 도래로 이해되는 재앙이야말로 투기 자본주의가 멋진 *미래* 성과를 통해 피할 수 있다고 자랑하는 것이다. 투자와 혁신 덕분이라는 것이다.[15] 천연자원의 한계도 그다지 중요하지 않다. 이미 여러 차례 '석유의 종말'을 예상했지만, 그 이후 석유와 셰일가스 덕분에 새로운 에너지 자원을 탐색하는 것이 가능하지 않았던가?[16] 미래의 기술 혁명이 환경 생산 방식을 근본적으로 변화시켜 환경에 대한 부채를 없애지 못할 이유는 무엇인가?

장피에르 뒤피가 이론화한 '계몽된 파국론'에는 실례되는 말씀이겠지만, 생태학적 재앙은 이미 존재하고 있으며, 지난 4년 동안 투기 테크노크라시는 *새앙을* 믹으려고 이미 *미래의* 기적에 기대를 걸어 왔다.[17] 이리하여 저항운동으로서의 기회주의적 생태학은 청산되고 남은 것은 진행 중인 투기 자본주의가 약속한 해결책에 의존하는 것뿐이다.

다수의 소자본가들은 환경 종말론을 예고하는 숙명론과 *미래* 성과에 모든 것을 거는 숙명론 둘 중에서 선택해야 한다면 아마도 후자를 선호할 것이다.[18] 생태 환경이라는 주제가 정서적으로는 많은 관심을 받지만 투기 자본주의 추구에는 거의 영향을 주지 않는 것도 이 때문이다.

막다른 미로?

나르시시스트 소자본가들의 만족한 양심과 투기 테크노크라시의 이성적 활동이 모여서 만들어 낸 동기화와 약속의 미로 속에서 현대 자본주의 정신은 빠져나갈 구멍이 없다. 오늘날 자본주의는 *미래의 독점권*을 갖고서 반대 세력에게는 할 수 있으면 미래에 대해 내기를 걸어 보라며 비판을 물리친다. 자본주의는 너무나 불확실한 미래를 그리기 때문에, 정확히 말해서 너무나 불확실하기 때문에 공포에 사로잡히지 않는 유일한 방법은 그 약속을 계속 믿는 것뿐이다. 이런 과정을 겪으면서 자본주의는 가장 믿을 만한 확신의 힘을 찾고 이런저런 위기 속에서 다시 반등하여 꿋꿋이 전개된다.

따라서 나는 디지털화 시대가 곧 종말을 고하게 된다고 단호히 예측한다. 특히 빅데이터가 약속한 이익이 기대에 미치지 못하기 때문에, 디지털화는 자신이 소비한 만큼 부를 생산하지 못할 것이다.[19] 다른 위기처럼, 디지털 산업의 붕괴와 함께 심각한 금융 위기가 예상된다. 이 위기는 폐허 속에서 경제 일부와 함께 수많은 환상을 쓸어 갈 것이다. 동시에 증시의 대규모 붕괴와 심각한 경제 불황을 예상할 수 있다. 그리고 반드시 공황과 사회적 불안과 대소동과 빈곤이 올 것이다.

그러나 다른 대안이 없기 때문에 소비할 에너지가 있고 믿음의 릴레이가 있고 유지할 희망이 있고 새로운 투자가 있는 한 투기 자본주의는 다시 활성화될 것이다. 인공지능, 경이로운 로봇공학, 생태 산업이나 또는 화성의 식민지화와 같은 새로운 외침에서 영감을 받은 재가동을 예언할 수 있다. 핵심은 자금과 노력의 방향을 정해 줄 새로운 약속과 혼란의 원천인 신뢰할 수 있는 '뉴프런티어'를 찾는 것이다.

이것이 우리의 지평이다. 마르크스주의를 설명하면서 사르트르가 했던 말을 그대로 사용하면, 투기 자본주의는 "그것을 발생시킨 상황이 아직 지나가지 않았기 때문에 뛰어넘을 수 없는" 것 같다.[20] 실세로도 뛰어넘을 수 없는 것 같다. 우리는 하이데거의 유명하고 불가사의한 표현을 따라 "오직 신만이 우리를 구할 수 있다"고 단언할 수는 없을 것 같다.[21] 왜냐하면 이 영악한 천재가 바로 미궁에서 우리에 앞서서 *미래*로부터 우리를 지켜보면서 자기를 뒤따르라고 손짓하는 바로 그 신이기 때문이다.

자세히 뜯어보면 육신 없는 이 신은 환상일 뿐이다.

에필로그

말은 상품이나 음식물이나 화폐처럼 전달되는 것이
아니라 변형되고 지나가고 주어진다. 이 사람 저 사람에
게 전해지는 말은 흘러간다. 말은 물결처럼 우리 사이를
지나가고 우리를 통과하면서 변형된다. 전파되는 것은 말
하는 재능이다. 우리가 받았고 또 주어야 하는 것은 말하
는 재능이다. 그것은 우리 입을 통해 물질이 숨 쉬는 통로
를 터 주고, 죽음의 숨결을 열어 주는 재능이다.

— 발레르 노바리나[1]

탐사가 막바지에 이르렀다. 지금까지 우리 사회의 특
정한 배치를 지배하는 기술경제적 합리성, 지속적인 동기
화, 질서정연한 이야기라는 전체를 이루게 된 선택과 행
동 사이의 일관성 등을 살펴보았다. 이 이야기는 어떤 방
향을 드러내면서 우리 세상을 더 좋거나 나쁘게 유도한다

는 인상을 준다. 그리고 우리가 부인하거나 두려워하거나 혐오하더라도 그것이 만들어 내는 미로는 이 시대의 운명을 표현하는 데에는 아주 효과적인 것 같다.

그러나 이것은 단지 이야기일 뿐이다. 그것은 실제 사회와 일치하지 않으며 심지어 우리가 경험하는 실제 삶과도 어울리지 않는다. 따라서 탐사가 끝나 가는 이 시점에는, 투기 자본주의 정신을 나타내는 이 이야기가 옳기는 하지만 허구일 뿐이라고 말해야 한다.

쪼그라든 삶

실제 현실에서 우리는 *미래*에 대한 확신 혹은 불안한 기대, 나르시시스트 구매자의 황홀경, 회계 비율로 조정되는 업무와는 아주 다르게 행동한다. 우리처럼 평범한 사람들은 평범하게 기쁨과 희망, 슬픔과 불안, 일상적 초대와 실망, 피로와 설렘, 우정과 연대, 일상의 폭력, 평온한 순간의 달콤함, 고통, 열정, 뜻밖의 일, 직장에서의 문제와 그 해결, 의외의 사건으로 일상이 날아가는 일, 구상과 집안일, 일용할 양식, 새로운 아이디어에 대한 호기심, 질병과 투쟁, 계절의 순환, 앞날에 대한 고민, 아이의 탄생, 죽음의 두려움, 무기력한 꿈, 지금 삶의 무게 등을 경험하고 있다.

우리는 숱한 상황, 행동, 관계, 감각을 느낀다. 눈을 크게 떠서 살펴보면 그것들은 분명히 일자리와 일상의 관행과 같은 인간의 구체적인 삶을 만들고 있고, 따라서 오늘의 실제 우리 사회를 만들었고 내일도 만들어 갈 것이다.

우리의 격정과 동기부여와 기대감의 마그마 속에서 투기 자본주의 정신은 취사선택을 하는데, 현실을 절단하여 이야기, 즉 이 탐사에서 복원하려 시도한 집단적 허구 안에 끌어넣고 있다. 이 이야기가 허구라는 것은 그것이 조작이라거나 우리의 물질적 삶에 영향을 미치지 않는다는 의미가 아니다. 오히려 이 허구는 충분히 집단적일 때 이 세상에서의 우리 행동 방식에 부분적이나마 큰 영향을 준다. 이 허구의 이야기는 개인에게 동기를 제시하고, 사물의 '공정 가치'를 그럴듯하게 만들며, 그것을 설명하는 기술을 정당화하고, 특정 도구와 계산 사이에 논리적인 연결 고리를 만들어 낸다. 개인의 서사를 집단의 서사로 연결하는 그 능력이 바로 권력을 형성한다. 왜냐하면 이것이 우리 삶의 혼란스럽고 다양한 경험과 사건에 하나의 방향을 설정하기 때문이다.

그러나 이 이야기에는 어떤 일당의 음모도 계획도 없고, 오로지 일련의 조정만 있었다. 이런 조정을 거치면서 강력해진 테크노크라시가 퍼뜨린 믿을 만한 이야기가 만들어졌다. 그렇기에 이 이야기에서 행복이든 비극이든,

혁명이든 재앙이든, 우리를 다른 곳으로 나아가게 하는 극적인 결말을 기대하는 것은 잘못되었다. 그런 결말은 오지 않을 것이다. 미노타우로스와 그 추종자들을 붙잡아 목을 쳐 내고 싶을 수도 있다. 하지만 미노타우로스는 없고 미로만 있을 뿐이다. 그러면 어떻게 될까?

미로 이후

나는 우리가 경험하는 실제 삶과 투기 자본주의의 서사가 제시하는 허구의 혼동을 소외라고 부른다. 소외에는 이중적인 의미가 들어 있는데, 소외는 자유의 상실도 의미하지만 동시에 이성의 상실도 의미한다. 세상이 투기 자본주의의 허구에만 그친다고 진정으로 믿는 것은 그야말로 하나의 광기인데, 이것은 사람의 표현과 행동을 오로지 자본주의가 만들어 낸 허구의 이야기에 꿰맞추는 것보다 훨씬 더 심한 광기다. 이런 것은 우리의 모든 경험도 인식하지 못하게 하는, 합리성도 아니고 투기의 허구에서도 규정되지 않은 정신착란이라 할 수 있다. 우리의 실제 삶은 그 이상의 많은 것으로 이루어져 있다. 오늘날 소외된 사람은 투기가 만들어 낸 허구의 이야기를 실제 현실로 여기고 행동하는 사람이다.

나는 어떤 이야기(오늘날에는 투기의 이야기)를 필수

사항처럼 부과하는 확신의 힘을 신비화라고 부른다. 그것이 없이는 경제적, 사회적, 또는 정치적으로 어떤 프로젝트도 수립할 수 없을 것이다. 자본주의 정신이 낳은 영악한 반전이 바로 그런 것이다. 부조리한 허구가 현실보다 더 현실적인 것이 된 것이다. 1968년 5월의 멋진 분석에서 미셸 드 세르토는 이렇게 썼다. "이것은 신비하고 이데올로기적인 표현인데, 사실과 비교하면 말이 나오지 않는 해석이다. (……) 하지만 어쨌든 읽어야 한다."[2] 신비화가 반드시 의도의 산물인 것은 아니다. 그것은 투기 테크노크라시의 규범과 합리적인 고리, 그리고 만족한 양심들이 동의한 운명론과 동시에 만들어졌다. 이런 신비화는 결국 세상을 총체적으로 설명하고 싶거나 거기서 나오는 공동 질서에 가담하고 싶어 하는 사람이라면 동의해야 하는 진지한 담론의 독점권을 획득했다.

　　종교도 정치적 프로젝트도 없이 물질주의적이고 개인주의적인 우리와 같은 1차원적이자 신비로운 세계에서 해방의 조건을 정의하는 것은 쉬운 일이 아니다. 투쟁, 신념, 혁명 또는 단순히 '체제'의 개혁과 같은 이상에 대한 감정적 의존은 신도 구세주도 없는 이 세상에서 필연적으로 스스로를 자유롭게 하는 수단을 찾게 된다. 그때 미로로 된 이 구조는 거기에서 빠져나올 가능성이 희박하다는 것을 밝힐 뿐이다.

잘못된 출구

우리는 해방이 될 수 없는 것을 명확하게 밝히는 것부터 시작해야 한다. 무엇보다 투기 자본주의 '시스템'에 대한 반론으로 제시되는 '참된 삶'이라는 도피처를 멀리해야 한다. '참된 삶'은 다면적이고 파악하기 어려우며 말로 다 표현할 수도 없다. 참된 삶을 설명하려는 것은 이미 그것을 하나의 이야기로 환원하는 것이다. 살려면, 그리고 더불어 살아가려면 우리를 묶어 주고 우리의 '참된 삶'의 일부분을 이루는 공동의 이야기가 필요한 것도 이 때문이다.

그러나 역으로, 투기 자본주의 서사와 유사한 또 다른 좋고 정의롭고 행복한 '다른 시스템'으로 인식될 수 있는 새로운 거대 서사, 즉 이 시대의 불확실성에 대한 기적적인 대답 속에서는 해방이 나오지 않을 것이다. 그러므로 투기 자본주의에서 벗어나려면 '다른 자본주의'나 '다른 세계', 심지어는 어떤 위대한 사상가와 새로운 테크노크라트의 뛰어난 두뇌에서 나온 전 지구적 '해결책' 같은 것을 찾아서는 안 된다. 우리는 일관성을 유지해야 한다. 투기 자본주의의 서사가 누구에 의해 쓰여진 것이 아니고 여러 작은 손길에 의해 단계별로 만들어진 것이라면, 오만함도 순진함도 없이 과연 누가 새로운 세상 이야기를 쓰려고 할까?

　투기 자본주의가 초래한 문제에 기존의 '해결책'을 도입하는 것은 단념해야 한다. 누적된 부채 중 일부는 결국 회복할 수 없으며, 업계를 완전히 재편성하고 시장을 대부분 점유하게 될 신제품이나 서비스라는 '파괴적 혁신'에 대한 대부분의 예측은 환상일 뿐이며 이루어지지 않을 가능성이 높다. *미래*의 성과는 약속된 것보다 훨씬 적어서 대가를 치러야 할 것이다. 동시에 무수한 돌발 변수가 예상하던 질서를 어지럽히고 '선지자들'이 예상했던 것과는 다른 결과를 낳을 것이다.

　요컨대 세계는 물질적이기 때문에 아무리 위대한 서사도 결코 청산하지 못할 객관적인 제약, 독특한 행동, 이상한 선택, 결정, 동기화, 예기치 않은 갈림길 등에 따라 계속 존재할 것이다. 미로에 대한 해결책은 바로 미로 그 자체를 만드는 것 속에 있다.

　결국 이 세상은 자본주의 정신이 오늘날 우리에게 상상하게 하는 세상이 아닐 것이다. 차분한 자신감을 유지하려는 독자들은 앞 장의 끝에 언급된, 장폴 사르트르가 우리 시대의 철학으로 간주한 마르크스주의에 대해 펼친 예언적 주장을 기억할 것이다. 사르트르는 마르크스주의가 "그것을 발생시킨 상황이 아직 지나가지 않았기 때문에 뛰어넘을 수 없는" 것 같다고 진단했다. 그런데 이 말이 나온 지 20년도 안 되어서 마르크스주의는 완전히 낡은 것이 되었다. 이미 체제를 침식하고 있는 것을 철학은 어떻게 보지 못할 수 있었을까?

발언하기

특정한 방식으로 살아가도록 부추기는 집단 서사와 실제의 우리 삶 사이에 생성되는 공간을 두고 나는 발언하기라고 부른다. 인터넷 수다와 여러 가지 기적의 교훈이나 휴대전화의 트위터를 이야기하는 것이 아니다.

발언하기는 세상을 있는 그대로 말한다고 내세우는 서사의 의심스러운 주장에 대하여 실제 경험한 삶의 현실로 이의를 제기하는 것이다. 그것은 또한 투기 자본주의의 기술경제적 서사에 의한 지배와 우리 실제 삶의 간극을 보여 주는 것이다. 이때의 발언은 반드시 반성적이거나 지적이거나 분석적일 필요는 없다. 발언이 꼭 '진실'을 말하는 것은 아니다. 그것은 의심을 표하는 것이기도 하다. 물질주의적 삶이 우리 안에서 다른 열망을 만들어 내지만 상황이 우리를 옥죄는 제약을 실감하게 할 때 흔히 나오는 '이건 살아도 사는 게 아니야!'라는 말보다 더 나은 표현은 없는 것 같다.

바로 그 순간에 '다른 삶'이 무엇이 될 수 있는지를 감지하는 불만에 찬 의식이 갑자기 솟아난다. 발언하는 것은 정해진 세계와 실제로 경험하는 세계 사이의 돌이킬 수 없는 차이를 드러낸다. 그것은 근본적인 불만을 확인하는 것이다. 이때의 불만은 어떤 것에도 결코 만족하지 못해서가 아니라, 세상 이야기가 그렇게 살아야 한다고 말하는 것으로 축소되기를 거부하기 때문에 생겨난 것이다. 이리하여 자신이 사회가 요구하는 영웅이 아님을 깨달은 노동자의 발언, 광고가 제안하는 즐거움을 경험하고 있지 않다는 것을 깨달은 소비자의 발언, 자신은 상인의 장난감이 아니라는 기업가의 발언, 자신은 전략 기획의 톱니바퀴가 아니라는 발명가의 발언 등이 솟아날 수 있다. 발언은 우리가 어떤 세상에 살고 있지만, 세상이 우리에게 말하는 것과 우리가 세상에서 실제로 경험하는 것을 혼동하지 않을 것임을 깨닫게 해 주는 것이다.

불만족에서 나오는, 그래서 어쩌면 행복한 양심의 강력한 표현인 '이것은 살아도 사는 게 아니다!'라는 발언은 신비로운 서사에 대한 의심을 수용하면서 허구성을 간파하는 말이다. 그러나 이렇게 말한 후에는 무엇이 이어질까? 그것은 체념의 고통일 수도, 해방의 작업일 수도 있다. 그래서 심리적 붕괴로 이어질 수도, 미로의 출구로 이어질 수도 있다. 그러므로 이런 발언은 자신뿐만 아니라 기존 질서에도 소중하지만 위험한 것일 수 있다.

왜냐하면 바로 발언이 부족할 때 경제적 또는 사회적 서사가 그것이 제공하는 편안하고 평온한 삶과 함께 속임수처럼 자리하기 때문이다. 우리는 지금 투기 자본주의 정신과 함께 있다. 이것이 바로 우선 그 이야기의 줄거리를 밝히고, 우리의 모호한 신념과 무지를 확인하고, 가계 저축을 가장 매력적인 혁신으로 연결할 뿐 아니라 단계적으로 경제 숙명론과 반인본주의의 피로감과 연결 짓는 전개 속에서 처음부터 끝까지 이 서사를 객관적으로 읽는 것이 중요한 이유다. 그렇게 되면 투기 자본주의가 들려주는 서사와 우리 실제 생활 사이에 거리를 둘 수 있다. 이것이 내가 이번 탐사에서 시도한 것이다. 투기 자본주의의 영악한 정신을 묘사하고 이야기를 하지만, 나는 더 이상 이런 서사에 귀를 기울이지 않기를 권한다. 대신에 현실로 돌아와서 있는 그대로의 삶의 이야기에 귀 기울이기를 제안한다.

발언들

어느 날 라디오 방송에 출연해 금융화에 대해 가능한 한 5분 안에 간략히 설명하려고 했다. 나는 조직 내 노동은 숫자라는 결과치로 환원된 화면과 비율의 덤불에 뒤덮여 보이지 않게 되고, 금융 조직에서 누가 정확히 무엇을 하는지 더 이상 명확하지 않다는 둥의, 많은 사람들이 겪고 있는 삶에 대해 이야기했다. 방송이 끝난 후 스튜디오 기술자인 엘리즈가 나를 불렀다.

"선생님 말씀은 제가 하고 있는 일과 정확히 일치합니다. 제 일은 반복되는 일과를 수행하는 것이고, 해마다 방송국이 목표를 정해 줍니다. 해마다 새로운 목표가 정해지지만, 결국에는 항상 같은 일을 하고 있어요. 무엇을 원하든, 스튜디오 녹음은 결국 스튜디오 녹음입니다. 제 부스에서 제 일을 하고 있으면 아무도 신경 쓰지 않아요. 저 자신마저도……."

"당신이 하는 일이 마음에 안 듭니까?"

"아닙니다. 저는 제 일을 아주 좋아합니다. 하지만 이 일에 더 이상 흥미가 없어요. 이 일은 제 상사, 제 동료, 심지어는 저도 흥미가 없고, 그 누구도 흥미가 없습니다. 모두들 목표와 수익성에 정신이 몽롱해 있죠. 사실 이 일은 더 이상 열정으로는 할 수가 없습니다."

"그런 생각으로 직장에서 그렇게 많은 시간을 보내는 것이 부담 되지 않습니까?"

"아시다시피 선생님, 저는 주 35시간을 일합니다. 그리고 성실하게 일하고 있습니다만 열정은 다른 곳에서 찾고 있어요. 다른 모임 활동을 하면서……."

순간 밝아진 엘리즈의 얼굴에서 새로운 에너지가 샘

솟는 것이 느껴졌다. 두 눈은 허공을 응시하고 얼굴에 미소가 번졌다.

"모임에서 무엇을 하고 계십니까?"

"우리는 어려움에 처한 청소년들과 함께 합창단을 꾸렸습니다. 문화센터에서요. 노래를 통해 아이들은 다른 사람들과 함께 사는 것이 어떤 것인지 경험할 수 있습니다. 아이들은 같은 노래를 배우고, 책상을 공유하고, 다른 사람의 목소리에 의존하고, 자신을 내주되 너무 많이 내줘서는 안 됩니다. 그 아이들은 자신이 재능이 있다는 것, 함께 달성하는 게 있다는 것을 다시금 발견하고 있어요."

"효과가 있나요?"

"정말 믿을 수 없을 성노랍니다! 합창단의 연례 콘서트가 있는데, 청소년들은 물론 프로는 아니지만 너무 멋져요. 무대가 끝나고 인사할 때 자긍심 가득한 표정에서 볼 수 있는 청소년들의 모습, 그것만으로도 가치가 있습니다."

이야기하는 엘리즈에게서 빛이 났다. 나는 그 평범한 모임의 경험에 요약되어 있는 투기 사회에 대한 근본적인 이의 제기에 감탄해야 하는지, 아니면 엘리즈가 직업과 모임이라는 두 세계에서 갈등 없이 잘 사는 법을 이해하려고 노력해야 하는지 알 수가 없었다.

"그럼 그 모임에서는 얼마나 많은 시간을 보내세요?"

엘리즈는 곰곰이 생각에 잠겼다. 그런 질문은 처음인 모양이었다. 한참 생각하다가 말했다.

"약 20시간 될 거예요."

"한 달에요?"

"아니요, 매주 그래요! 일주일에 두 번 저녁 리허설이 있고, 곡 준비도 해야 하고, 앞 팀과의 작업도 있고, 또 아이들과 한 달에 최소 두 번 주말 모임을 가져요. 네, 일주일에 평균 20시간 정도 보내야 해요."

나는 깜짝 놀랐다. 이 40대 여성은 지역사회 활동에 반나절 이상을 보내고 있었다.

"그럼 무슨 사례금이라도 있나요?"

"아니요, 이건 자원봉사입니다! 모임은 문화센터에 속해 있지만 독립적으로 운영돼요."

"그런데 당신을 너무나 열정적으로 만드는 이 일을 직업으로는 하지 않으시나요? 직업을 바꾸시지요."

"문화센터에서 계약을 제안할지 모르지만 그런다고 해도 저는 거절할 거예요."

"왜요?"

"월급쟁이가 어떤 것인지 아니까요. 제가 좋아하는 활동을 자유롭게 하는 것이 더 좋습니다."

엘리즈는 발언하고 있다. 그녀는 투기 자본주의가 정한 작업과 실제 삶 사이의 지름길을 발견했다. 그녀는 투기 자본주의가 정한 일에서 벗어났다. 어디선가 숫자를 다루는 관료는 비용이 얼마인지, 생산성이 어느 정도인지, 또는 그녀가 따라가야 할 자기 계발의 경로는 어떤지를 계산할 것이다. 하지만 실제 삶 속에서 그녀가 하는 말로 미루어 보면 그녀의 직업상 일은 모임 활동이 주는 에너지와 자유에 비하면 부수적인 것이 된다.

　2017년 9월의 비 내리던 어느 날 오후, 파리의 한 비스트로. 카페의 널찍한 입구 뒤로 인파와 복잡한 교통 체증을 바라보며 나는 그랑제콜 경영학부의 젊은이들인 다미앵, 로랑과 수다를 떨고 있었다. 스타트업을 설립한 그들은 의욕이 불타올랐다. 두기 자본주의 서사가 '성공 스토리'라 부르는, 1년도 안 되어 직원 두 명에서 열네 명 규모로 기업을 키운 그들은 성장을 상상하고 있었다. 인터넷에서 기업의 디지털화를 서핑하던 그들은 '파괴적 혁신'을 놓치고 있다는 생각에 사로잡혀 있는 관리자들에게 신세대의 웹사이트, 내가 본 것 중에서는 가장 활기차고 유연한 웹사이트를 제안했다. 아주 수수한 혁명이라 할 수 있을 것이었지만 이 두 젊은이는 열정적으로 웅변하며 완전히 새로운 세계를 일으키겠다고 선언했다.
　나는 창 너머 현재 세상과 세상 사람들, 즉 이 자신감 넘치는 두 젊은이가 자신들의 삶을 뒤흔들 디지털 도구를 만들고 있다는 사실을 까맣게 모른 채 각자의 운명을 향해 걸어가는 행인들을 바라보고 있었다. 그들 제품의 유용성에 대해 약간 의구심을 품은 내 한마디 말에 잊을 수 없는 대답을 들었다. "우리는 내일의 세상을 만드는 사람들입니다." 그뿐이었다. 그 순간 파괴적 혁신 때문이 아니라 비가 내리기 시작했기 때문에 발걸음을 재촉하던 길거리의 사람들을 보는데, "가난한 사람들의 말, 너무 늦게 집에 가지 말고 무엇보다 감기에 걸리지 마세요."라는 레오 페레의 노래 가사가 문득 떠올랐다.

다미앵과 로랑은 디지털 '파괴적 혁신자'가 되었다. 나는 그들이 학교를 떠나기 몇 년 전부터 알던 사이였다. 당시 그들은 독창적인 협동조합식 금융 사업을 하고 싶어 했고, 확신에 차서 대안 자본주의와 새로운 시스템에 대해 이야기했다. 민간 자금 제공자와 사회적 프로젝트가 은행을 거치지 않고 직접 만나게 하는 회사였다. 정말 똑똑한 친구들이었다. 그러나 그다지 수지는 맞지 않았다. 어느 날 이들은 투기 자본주의의 매력에 굴복했다. 소위 비즈니스 모델을 발전시키고 파괴적 혁신, 변혁, 디지털 파열, 증강 인간 등 가장 정통적인 담론을 받아들였다. 그들을 지켜보니, 그들이 지닌 청년의 열정은 여전했지만 이야기의 초점은 변해 있었다. 그들을 흥분시킨 것은 다른 대안적인 경험이 아니라 투기 자본주의 정신이 수용 가능하다고 승인하고 합리화한 '파괴적 혁신'이었다.

그들이 자신들의 혁신적인 디지털 제품을 나만큼이나 믿지 않는다는 것은 어렵지 않게 알 수 있었다. 그들은 단지 대기업이 1~2년 안에 그들 기업, 즉 그들의 성공 스토리를 사들일 만큼 충분히 내기를 걸 수 있기를 바랄 뿐이었다. 그렇게 되면 다른 삶을 살 만큼 충분한 돈을 벌 수 있을 것이다. 청년 소자본가들의 꿈이었다.

난들 그 나이에 무엇을 했을까? 나는 그들을 비난할 수 없다고 느꼈다. 기껏해야 다른 사람들의 말에 귀를 기울이고 자신들의 소외를 깨닫도록 권하고 싶었을 뿐이다. 언젠가는 불만의 의식과 함께 발언을 할 필요가 올 것이라고 무언가가, 어쩌면 그들에 대한 나의 애정이 말하고 있었기 때문이다. 이 가능성을 유지할 필요가 있었다. 그 사이에 그들은 그런 서사를 정말로 믿는다는 인상을 주고 싶어 하는, 투기 자본주의 서사에 나오는 다른 나르시시스트와 같은 성가신 존재가 되어 버렸다.

2019년. 공항 대기실에서 들은 말이다. 대형 건설회사의 현장 관리자인 필리프는 40대를 앞둔 활기차고 성실한 전문가 타입이다. 같이 훈련을 받으러 가는 동료들에게 그는 중간관리자 특유의 빠르고 퉁명스러운 목소리로 "난 그렇게 하지 않아!"라고 말했다. 그러나 이 중간관리자는 곧 차분한 어조로 말을 이어 나갔다.

　"요즘 젊은이들은 일하기를 싫어해. 그리고 언제나 스마트폰만 쥐고 있어. 문자 받고 보내는 데 시간을 다 보낸단 말이야. 나는 근무 시간에는 절대 문자를 하지 않아. 하루 열 시간 일하는 아내와 두 딸이 있으니 문자를 보낼 수는 있지. 그래도 아니야, 나는 일과 사생활을 구분할 줄 알아. 그런데 요즘 젊은이들은 완전히 막장이야. 직장에서 사적인 일을 보는 것도 별 신경 쓰지 않는데 그에 비하면 메시지를 주고받는 것은 아무것도 아니지. 그래서 내가 젊은이들에게 말했어. '아니, 너희들 문자 하는 데 돈을 받는다고 생각하니?'라고 말이야. 별도리 없어. 엉덩이에 발길질을 해서 그 친구들 작업대로 보내는 데 얼마나 많은 시간을 쓴다고. 모든 걸 설명해 줘야 하고, 또 잘하는지 감시도 해야 돼. 내가 등만 돌리면 그 순간을 못 참고 또 스마트폰에 빠지니까. 스마트폰은 정말 죄악이야!"

　필리프가 큰 소리로 남자다운 위협과 무기력한 말을 번갈아 가며 말을 이어 나가자, 달릴라라는 동료가 "무슨 말이야! 원하는 게 뭐야, 그 친구들은 신세대잖아."라고 단호하게 필리프의 말을 끊어 버렸다.

　달릴라의 말투에서 필리프의 말을 지겨워한다는 것을 알 수 있었다. 그는 사실 말하는 것이 아니라 자신이 필요하다고 생각하는 것을 되풀이하고만 있었기 때문이다.

달릴라는 그것이 세대 문제가 아니며 젊은이들은 다른 모든 사람과 마찬가지로 자신의 삶을 살고 있다는 것을 알고 있었다. 이것이 그들이 관리되고 인도되고 도움을 받아야 하는 현실이었다. 불쌍한 필리프는 자신도 그 일원인 투기 자본주의 관리가 정해 놓은 서사의 허구가 실제 작업에서 그대로 실현되어야 한다고 진심으로 믿었기에 허상을 좇고 있음을 달릴라는 이해하고 있었던 것이다. 필리프는 투기 자본주의 서사보다는 그것을 제대로 수행하는 인간의 능력을 의심했다. 그는 말은 많이 했지만 '발언'은 하지 않았다. 이것이 달릴라를 피곤하게 했던 것이다.

현장에서 찾아낼 수 있었던 삶의 생생한 조각은 무수히 많았다. 날것 그대로의 삶의 재료가 무엇인지 또 무엇이 실제로 살아가게 하는지를 보여 주는 이것들은 영감을 주는 기초 자료가 되었다. 이런 현장의 소리 덕분에 우리가 근거해 있는 기술경제적 서사를 객관적으로 하나의 허구로 볼 수 있을 뿐 아니라 무엇이 시장을 변형시켰는지 그리고 투기 자본주의 정신이 미처 파악하지 못한 것이 무엇인지를 알 수 있다.

(빛나지는 않지만) 평화로운 미래

미래를 평화롭게 만드는 것은 내가 말하는 '발언'을

하는 사람들이 다양해지는 것이다. 공개적이지 않아서 널리 퍼지지 않는 말도 효과적이다. 작은 효과는 내기 때문이다. 투기 자본주의가 만든 서사와 실제 현실 사이의 텅 빈 간극을 드러냄으로써 어쩌면 해방의 가능성을 열어 줄 수도 있는 것은 바로 이런 현실에 힘들어하는 수많은 양심의 자발적 행동이다.

  소외된 대중 속에서 나는 고집스럽게 윤리적이거나 사회적으로 책임 있는 투자 펀드를 개발하는 금융가들, 묘하게도 자신의 유용성을 의심하고서 삶을 바꾸는 금융 중개인들, 결과에 대한 요구에도 불구하고 서로를 지원하면서 직장에서 연대를 유지하는 직장인들, 숫자의 압박에도 불구하고 계속해서 적절하게 치료할 방법을 찾는 의료인들, 말하자면 투기 자본주의 정신이라는 신발 속의 작은 돌 조각 같은 사람들을 자주 만나고 있다. 자본화에 짓눌려 있는 기업의 문을 두드리며 자신의 직업 취향을 만족시킬 수 일자리를 찾고 있던 사람들도 만나고, 또 일을 잘한다는 감을 유지하면서도 성과 기준을 손보면서 업무를 수행하고 있는 노동자들, 이런 기준을 업무 현실에 최대한 적용하고 눈에 띄지 않게 관행을 개혁하고 있는 관리자들, 컴퓨터와 휴대전화를 두려움도 없지만 매력도 없는 평범한 도구로 여기고 사용하는 소비자들, 다른 사람들이 한 투기 약속에 응해야 하는 의무감에 지쳐서 다르게 창출된 부를 생산하고 공유하기 위해 투기의 약속에서 벗어나고자 하는 기업의 간부들, 투기에 대한 환상에 젖어 있는 부모에게서 벗어나 자유로운 삶을 살고자 하는 젊은이들도 만나고 있다.

사실 세상의 요구와는 다른 삶을 살아가는 정직한 사람들, 이 세상을 피하지 않고 내부에서 보완해 나가면서 대안으로서 다른 세상을 살아가는 용감한 사람들(이런 것은 *미래*에 대한 또 다른 약속이자 그 업적에 대한 내기라고 볼 수 있을 것이다.)의 끈질긴 정신이 내 마음에 평온함을 돌려준다. 이 용감한 사람들은 스스로 표현할 수는 없겠지만, 결코 단념할 수 없는 공동선 때문에 이런 길을 간다.

이런 사람들이 소수라고들 말하지만 정말 그럴까? 그건 별로 중요하지 않은 게 투기꾼도 처음에는 소수였다. 투기 경제의 한가운데에서 해방의 발언과 교묘한 변형이 이미 솟아나고 있다. 이런 발언들은 '시스템'을 개혁하지는 않는다. 그러나 그럴 의향도 없이 투기 자본주의 정신의 시스템을 침식하고 다듬고 조각조각 깨물고 비율을 비틀고 표준을 만지작거리면서 믿음과 희망과 신념과 정직과 상식에 따라 이 시스템을 조금씩 변화시킨다. 이런 발언들은 기술 공포증이 없다. 오히려 기술과 기술이 제공하는 환상적인 기회를 이용한다. 이런 발언들은 진보를 우상화하지 않지만 수수한 개선은 믿는다. 또 열광하거나 걱정하지 않고 적절성을 평가한다. 생태 환경의 붕괴나 모호한 신비로움에서도 영감을 받지 않는다.

투기 자본주의 정신을 확고히 믿는, 그래서 결과적으로 투기 자본주의의 처방과 약속을 따르는 한쪽 세상만 보는 사람들은 낮은 목소리의 이러한 행동을 무시한다. 또 가슴이 콩알만 한 떨고 있는 사람들도 이런 목소리를 무시한다. 그러나 이런 말에 귀 기울이면서 현실을 관찰한다면, 투기 자본주의의 허구가 주장하는 것보다 지금의 세상은 훨씬 더 무한히 열려 있고 훨씬 더 유동적이라는 것을 알게 된다. 미래는 빛나지 않고 비극도 일어날 수 있지만, 구원의 씨앗은 이미 발효되어 미로 속에서 생겨나는 중이다.

물론 이어지는 발언들이 새롭고 질서정연하며 효과적인 이야기를 구성하는 것은 아니다. 대안도 실망스럽고 투기의 허구가 독점을 강요하면서 현실의 한 부분을 갉아 먹어 에너지도 고갈된다. 현혹된 군중의 굳은 신념 앞에서 발언을 지속하기란 쉽지 않다. 다미앵과 로랑처럼 투기 자본주의 정신에 흡수되어 제거되더라도 투기 정신이 소자본가에게 제공하는 의식의 만족에 굴복하는 사람들도 있다. 단 한 번의 죽음을 직면하지 못하고 말세라고 외치면서 세상의 붕괴를 예언하는 노인들처럼 병적인 반인

문주의와 경제 숙명론으로 전향하는 사람도 많다.

　　그러나 역사는 계속되고 좋은 것은 끈질긴 법이다. 그렇기에 우리 임무는 나비를 채집할 때처럼 좋은 행동과 멋진 아이디어를 핀으로 고정시키는 것이 아니다. 밝은 미래에 대한 새로운 약속을 향해 에너지를 모으자는 것으로 비치는, 어디서도 나오지 않는 '새로운 이야기'를 만들어 내는 것도 아니다. 우리는 리얼리스트가 되어야 한다. 투기의 허구에 대해 그랬던 것처럼, 다르게 행동하고 싶어지는 무언가가 우리에게 어떻게 주어졌는지를 식별해 내야 한다. 미로의 장벽에도 불구하고 어떻게 인간의 경제활동이 동기화되고, 사회적 조정이 이루어지며, 자원이 공유되고, 새로운 평가 방식이 자리잡는지 파악해야 한다. 이 모든 것은 충분히 일관성이 있기에 앞으로 탄생할 사회를 기획할 수 있다. 암암리에 진행되고 있는 이런 작업을 드러내는 것이 다음 책의 주제가 될 것이다.

증보판을 내면서

이 책이 처음 출판되고 몇 주 후인 2020년 2월에 코로나19 팬데믹이 발생했다. 코로나19로 투기 자본주의 분석이 의미없는 것이 되었을까? 오히려 코로나 위기 자체가 엄청난 글로벌 투기 붐으로 해석될 수 있다는 사실을 확인한 것 같다. 코로나19로 자본주의의 정신이 변했을까? 투기 메커니즘이 어느 정도 저항하면서도 제대로 작동하지 않는 것이 감지되곤 하지만 개정판을 내는 지금으로서는 자본주의 정신이 변했다고 주장하기는 어렵다.

위험한 전망으로 들어가기보다는 2020년 5월과 11월에 펴낸 두 글을 다시 읽을 것을 제안하고 싶다.[1] 이 텍스트는 악명 높은 단점에도 불구하고 코로나 위기 자체를 넘어서서 이미 역사가 긴 투기 사회에서 지금의 코로나 위기가 과연 어떤 단계로 이어질 수 있을지를 포착할 만한 시의성이 있는 것 같다. 그리하여 표면적으로는 이미 느껴지는 더 깊은 변화가 영악한 자본주의 정신을 물리치는 더 단호한 발언으로 뚜렷이 등장하길 기대한다.

1. 코로나 위기와 그 이후

지금 우리의 상황은 다음과 같다. 몇 달 전부터 예고된 경제 위기는 전례 없는 위력으로 다가왔다. 몇 주가 지나면 세계 경제활동은 3분의 1로, 금융자산 가치는 40퍼센트 이상이 줄어들 것이고, 공공 및 민간 부채는 얼마 전까지만 해도 절대 넘어서는 안 되는 한계치로 여기던 건전성 비율의 한계를 크게 초과할 것이며, 국제노동기구는 노동시장에서 향후 몇 달 안에 실업자가 2500만 명 증가할 것이라고 내다보고 있다.

전에도 나왔던 이야기이기 때문에 이런 위기가 발생하는 것 자체는 놀랍지 않다. 놀라운 것은 이 위기가 모든 경제 영역을 차례차례 무너뜨리는 예측 불능의 바이러스를 통해 발생한다는 점이다.

코로나19는 우리 사회의 건강 상태를 있는 그대로 드러내는 식으로 작동하기 때문이다. 코로나19 자체는 시민정신도 시민정신 부족도, 연대도 이기심도 낳지 않지만, 우리에게 가능한 시민정신과 시민정신 부족과 연대와

이기심의 정도를 드러낸다. 그것은 인간관계의 강점과 약점과 사회적 균열과 불평등, '함께 산다'는 통합과 결합의 정도를 확인해 준다. 우리 사회의 이런 민낯에서 나오는 교훈을 체계적으로 배워야 할 것이다.

경제도 마찬가지다. 팬데믹이 은밀히 다가와서 건강한 글로벌 자본주의를 공격한 것이 아니다. 팬데믹은 이미 과열된 경제, 무소불위지만 위험의 순간에 공황 상태에 빠지면서 무너지고 마는 금융시장과 자유주의 이데올로기를 덮쳤다. 그런데 어제는 그렇게 오만했던 자유주의 이데올로기가 오늘은 국가의 대규모 개입을 요구하고 자신이 살기 위해 공공 부채를 이용하는 것을 반기고 있다. 이렇게 만천하에 드러난 사실에서 우리는 교훈을 얻어야 한다. 바로 투기가 경제를 오염시켰고 성장의 엔진으로 작용했다는 사실 말이다.

지난 40년 동안 서구의 과소비와 통제할 수 없는 부채를 통해서만 가능했던 중국의 투기가 있었다. 그리고 금융시장의 투기도 여전하다. 금융시장은 불가능한 수익을 계속 약속하기 위해 스타트업이라는 '미담'에 베팅하면서, 갈수록 현실과 동떨어진 방식으로 자산을 평가했다. 또 더 탐욕적인 결과를 달성하기 위해 더 격앙되고 강화되어 가는 노동생산성에 대한 기업의 투기도 있다. 그뿐 아니다. 투자 자본을 과대평가하고 무슨 일이 있어도 금융기관을 계속 작동시키기 위해 SF에 기대는 자율주행 자동차, 인공지능, 증강 인간 및 화성 정복과 같은 기술혁신의 투기도 있다. 그 외에도 우리의 생활 방식과 부동산과 전지전능한 시장에 대한 투기도 있다.

눈에 보이지 않지만 집요한 코로나19는 투기의 거품을 분명히 보여 주다가 결국에는 터뜨렸다. 팬데믹의 발원지였던 중국의 전체주의적인 스크린 감시 체제도 자기 구조의 허약함을 더 이상 숨기지 못했다. 금융시장의 탈선도 막을 수 없었다. 금융시장은 2020년 1월 광란의 과대평가 이후 공황 상태에서 경제 싸움을 포기하고 공공 개입을 통해서만 새로운 풍요를 기대하기 때문이다. 간병인의 보호 마스크나 환자용 침대와 같은 난순한 제품을 충분히 배급할 수 없는 데서 우리는 유용한 투자의 방향을 잘못 잡았다는 것을 확인할 수 있다.

코로나 바이러스는 우리의 허약한 몸을 점령했다. 하지만 우리는 생활 방식의 변화와 경제의 탈금융화 같은 판에 박힌 요구만 해서는 안 된다. 성공하기를 원한다면 지금부터 어떻게 행동해야 할지 상상해야 한다.

이 위기가 경제에 미치는 영향은 팬데믹 동안의 즉각적인 영향과, 그다음에 본격적인 경제 위기에 진입할 때 나타날 결과, 경제구조와 사고방식에 미칠 장기적인 영향이라는 세 단계로 나누어서 살펴봐야 한다.

우리는 바로 이 세 번째 영향의 파도에 주목해야 할 것이다. 팬데믹은 그동안 들떠 있던 투기 경제의 작동을 규제할 기회를 제공한다. 투기 경제는 인적 자원과 환경적 자원을 허약하게 만들면서, 질주와 동요를 삶의 방식으로 만들어 우리를 지치게 했다. 우리는 기적적인 해결책이나 추상적인 '새로운 생산 시스템'을 제안함으로써가 아니라 반대로 투기 세력이 가둬 두었던 숨막히는 제약으로부터 우리 의식과 실천을 해방시킴으로써 변화를 열망할 수 있다. 하지만 이 목표를 염두에 두면서 구체적인 현실의 단계를 밟아 나가야 할 것이다.

첫 번째 단계, 팬데믹 기간

매우 단기적인 문제로, 유럽, 미국 및 전 세계에서 팬데믹이 장기화됨에 따라 경제가 영향을 받으면서 수백만 명의 생명이 위태로워졌다. 가장 중요하게는, 물론 보건과 같은 주요 부문의 활동을 유지하면서, 국가별로 비축된 재고와 직원의 가용성에 좌우되는 창고와 운송 회사 같은 소비재의 물류 공급망도 유지할 수 있어야 한다. 동시에 중소기업이나 상점 주인, 의류, 사치, 관광, 운송 등의 대형 회사나 건설 회사들은 단순하게 업무를 중단하고 있는데, 그동안 실현되지 않은 매출은 회복될 가능성이 낮기 때문에 일부 활동이라도 유지 관리하면서 향후 손실을 줄여 나가야 한다.

　이런 맥락에서 기업에 대출을 제공하는 은행의 능력은 고객의 도산 위험과 금융자산 가치의 붕괴로 인해 수지 악화에 직면해 있다. 팬데믹에 뒤따른 신용 하락-경기 하락-신용 하락으로 이어지는 악순환을 피하려고 중앙은행은 3월 16일부터 단시간 근로를 통한 임금 보상, 중소기업 대출에 대한 국가 보증, 중앙은행의 부채 환매, 은행 대출금리 인하 등 2008년 위기를 능가하는 충격요법을 시행했다. 오늘날의 안정화 노력은 공공 부채로, 궁극적으로 세금으로 전가된다. 붕괴에도 불구하고 2008년의 역대급으로 낮았던 수치보다 여전히 25퍼센트 높은 수준을 유지하고 있는 CAC40의 변화는 정부 조치의 자신감을 나타내는 신호가 될 것이다. 지금은 연쇄적인 민간 파산을 피하기 위한 이 엄청난 공공 노력의 시작에 불과하기 때문이다.

두 번째 단계, 실제 경제 위기

　팬데믹이 종식되면 경제 폭발이 완전히 드러날 것이다. 이것은 경제적 균형을 받치는 세 기둥을 허약하게 할 것이며 경제활동은 전 세계적으로 몇 주 동안 부진을 면치 못할 것이다. 일반 저축자의 자산, 특히 연금 시스템은 금융시장의 급격한 하락으로 큰 영향을 받을 것이고, 공공 부채 증가는 경제의 자금 조달 능력을 고갈시킬 것이다. 규제가 풀렸을 때 경제주체들의 반응을 오늘에야 추측할 수 있을 정도로 지금 상황은 정말 전례가 없다. 유럽중앙은행은 이미 2020년 유럽의 5퍼센트 경기 침체에 대비하고 있으며, IMF는 전 세계적으로 1퍼센트의 경기 침체를 예상하고 있다. 이는 2009년과 동일한 수치다.

논리적으로는 가계가 더 많이 소비해야 하지만, 이런 노력이 손실을 어느 정도 보상할지는 두고 봐야 한다. 특히 교통, 관광, 의복 등 계절의 리듬에 민감한 분야는 돌이킬 수 없는 것 같다. 경제학자들이 말하는 '부의 효과'가 나타날 수 있기에 불확실성은 더욱 커질 것이다. 즉 재산이 녹아 내리는 것을 본 가계는 안정을 위해 다시 저축에 매달릴 수 있으므로 상대적으로 소비는 줄어들 것이다.

기업 측면에서는, 팬데믹에서 벗어나면 대중의 경제적 지원도 종료될 것이다. 기업은 납품 업체와 직원 급여도 지불해야 할 것이고, 공공 적자를 막기 위해 연기되었던 기부금과 세금도 내야 할 것이다. 회사의 모든 것은 비즈니스가 회복하는 속도에 달려 있을 것이다. 아마도 서비스 분야보다는 재고품을 갱신해야 하는 특정 산업 부문이 더 빨리 회복할 것이다. 또한 모든 것은 '정상적인' 업무 복귀가 어떻게 이루어지는지에 달려 있다. 장소가 바뀌거나 심지어 저하된 환경에서 불안을 유발하고 때로는 매우 강도 높은 몇 주 동안의 원격 근무 후에도 직원들이 새롭게 바뀐 업무의 요구에 어떻게 그리고 어떤 활력으로 적응할지는 아무도 모른다.

투기 자본주의를 규제할 역사적 기회

가장 광범위하고 결정적인 경제 폭발이 일어나는 세 번째 단계는 경제에 대해 그동안 지배적이었던 생각에 업데이트를 요구한다. 이것이 팬데믹이 가져다주는 가장 바람직한 효과다. "우리는 이길 것이지만 이 기간은 우리에게 많은 것을 가르쳐 줄 것이다. 많은 확신과 신념이 사라지고 의문이 제기될 것이다."라고 마크롱 대통령은 3월 16일 연설에서 인정했다. 하지만 실질적인 결과를 도출하는 숙제가 남았다. 이미 사라진 확신은 다음과 같다. ① 세계화는 필연적으로 긍정적이라는 확신이 사라졌다. 경제권 간의 상호 의존성이 너무 강해지면서 위기에 효과적이라고 입증된 것은 민족 국가다. ② 금융시장이 전능하다는 확신도 사라졌다. 금융시장은 저축을 투자로 유도하는 역할을 맡지만, 경제 비상사태가 발생했을 때 극적으로 실패하고 말았다. ③ 엄청난 사적 이익을 추구하다가도 상황이 악화되면 그 손실을 국가, 즉 모든 시민에게 전가하는 정의롭지 못한 경제 시스템도 드러났다. ④ 소비를 향한 경쟁은 생산주의와 '성과를 위한 성과'와 부조리

하고 위험한 삶의 방식인 모든 투기 형태와 결부되어 있
다는 사실이 드러났다.

코로나19가 마치 투기 자본주의의 허물을 전혀 드러
내지 않은 양 예전처럼 다시 시작할 수 있을지 모르겠다.
2008년 위기와는 다르게 사람들은 예컨대 바이러스 확산
부터 의약품 재고 부족에 이르는 우리 사회의 실질적인
취약성과, 드러나지 않은 증권 브로커의 임금과는 판이하
게 차이가 나는, 드러난 의료 인력의 소득 사이의 명백한
불평등을 경험했을 것이다. 또 매일 덜 소비하거나 새로
운 방식으로 일함으로써 다르게 사는 가능성을 경험했을
것이다. 동시에 전례 없는 연대나 긴장의 순간을 경험했
을 것이다. 또한 집에 틀어박혀 있으면서도 디지털화 덕
분에 지루할 수도 있는 스크린 앞에서 오랜 시간을 보냈
을 것이다. 이 과정에서 우리는 가족 공간과 직업 공간 사
이의 혼란을 경험했을 것이다. 모든 것이 멈췄을 때, 처음
으로 모든 것이 연결되어 있다는 것을 직접적으로 느꼈을
것이다. 집약적인 경제 생산과 삶의 질과 리듬, 공기, 환경
에 미치는 부정적인 결과 사이에 모든 것이 연결되어 있
음을 알게 되었다는 말이다. 최근 몇 년간 이미 눈에 띄는,
삶의 방식을 바꾸려는 욕구는 더 강해질 것이다.

그렇다고 세계화의 영향을 포함해서 최근의 성장이
가져온 긍정적인 결과를 완전히 거부해야 한다는 의미는

아니다. 인터넷 네트워크가 없었다면 국가의 반응은 이전과 같을 수 없었고, 기업은 원격으로 활동을 계속할 수 없었을 것이며, 개인은 의사소통을 지금처럼 할 수 없었을 것이다. 국제적으로 협력하는 관습이 없었다면 팬데믹에 대처하거나 백신을 구하는 과정이 더 불확실했을 것이다. 이것은 전부 아니면 전무의 문제가 아니라 최적의 정치적 공간, 즉 사회적이든 경제적이든 시민에게 가장 완벽한 안전을 제공하는 공간을 다시 생각해 보는 문제다. 이 질문은 몇 년 동안 계속되었다. 예전에는 '포퓰리즘의 부상'이라는 다소 게으른 꼬리표로 축소되었지만, 관리 가능하고 효율적인 경제 공간을 재건하는 것을 포함해 이 문제는 몇 날 안에 중심 과제가 될 것이디. 이미 2010년대 말에 구상된 유럽으로의 생산 기지 이전은 가속화될 것이다. 이것은 아시아 성장에 불안정한 영향을 미칠 것이다. 그래서 중국은 팬데믹을 용감하게 극복했으며 모든 것을 이전처럼 다시 시작할 수 있음을 세계에 증명하려 애쓰고 있다.

기업은 이제 '사회적 책임'이라는 소극적인 정책을 뛰어넘어 경제 및 사회적 프로젝트가 노동의 의미뿐 아니라 하청업자와 소비자들의 참여와 에너지를 갱신할 만한 사회 건설에 기여하는 방법을 전략의 중심에 두어야 한다. 우리는 이렇게 요청되는 새로운 복구 노력에 의미를 부여할 필요가 있다. 이번 팬데믹 위기는 투자를 재개할 때 가계 저축을 유용하고 지속 가능한 경제를 구축하는 지출로 전환할 수 있는 역사적인 기회를 주었다고 볼 수 있다.

이를 위해서는 기업의 단기적인 금융 제약을 완화하는 것이 필수적이다. 기업가에 대한 투자 통제권을 복원하기 위해 일시적인 배당금 상한선을 두는 조치를 고려할 수 있다. 동시에 2000년대에 부과되어 기업이 자산을 시장 가격으로 인식하여 변동성과 연계하도록 요구하는 소위 IFRS 회계 기준의 포기 같은 것도 고려할 수 있을 것이다. 또는 회사 프로젝트에 전념하는 실제 주주와 (주식을 평균 11일 보유하는) 단순 투자자를 구분할 수 있게 해주는, 최소 1년 이상 보유한 주식에 대해서만 의결권을 부여하는 회사법 개정도 고려할 수 있다. 혁신적이지만 혁명적이지는 않은 이런 기술적 조치는 실물경제와 금융경제의 연결을 약화시킬 수 있다. 하지만 몇 달 동안 더 겪게 될 이런 예외적인 시기에는 전적으로 수용해야 할 것이다. 이것들은 '수많은 신념이 사라졌다'는 것을 받아들일 정치권력의 사정권 안에 있다.

국가는 경제적 재난을 막기 위해 개입해야 했다. 국가 부채는 향후 3년 동안 약 25퍼센트 증가할 것이며, 시민들은 실업으로 악화된 환경에서 부채 부담을 감당하기 위해 노력해야 할 것이다. 역설적이게도, 이런 영향으로 새로운 경제 규제를 부과하려면 국가와 시민 사회에 더 많은 중압감을 줄 수밖에 없다. 순진한 유토피아에 대해 토론하거나 파국적 시나리오의 공포에 떨 시간이 없을 정도로, 지금은 그야말로 전례가 없는 상황이다. 오히려 지금은 규모에 상관없는 새로운 생산방식과 소비방식을 실현할 조치와 자주적 행동을 장려하는 것이 더 중요한 때다.

이것이 실패하면 금융이라는 종교를 믿는 사원의 성직자들은 모든 것이 이전과 같이 다시 시작되어야 한다고 설교할 것이다. 투기의 악령은 전대미문의 이득과 이익에 대한 새로운 약속을 공식화하고, 새롭고 놀라운 기술적 관점을 자랑하며, 빛나는 진보에 대한 믿음을 계속 이어 나가기를 세안할 것이다. 그렇게 되면 우리는 과거에서 아무것도 배우지 못할 것이다.

2. 팬데믹 이후의 네 가지 시나리오

5월 14일, 나는 팬데믹 위기 이후의 경제에 대한 네 가지 시나리오를 제안하는 기사를 이 사이트에 게재했다. 향후 경제가 투기 자본주의로 '정상적인' 복귀를 할 것이라는 전망과, 경제는 재가동되지만 성능은 저하될 것이라는 전망, 급격한 사회적 단절이 일어날 것이라는 전망, 그리고 합리적 경제로 전환될 것이라는 전망, 이상이 네 가

지 시나리오다. 6개월 후 우리는 어디에 있을까? 다음 중
어떤 시나리오가 가장 확률이 높을까?

　이 네 시나리오는 두 개의 간단한 가정에 기반을 두고
있다. 하나는 팬데믹은 하나의 사고일 뿐이냐 아니면 커
다란 단절이냐에 대한 가정이고, 다른 하나는 사회 구성
원들을 묶어 주는 사회 협약이 악화되느냐에 대한 가정이
다. 팬데믹은 일시적인 사고로 인식되거나 반대로 중요한
경제적 혼란으로 인식될 수 있다. 사회 협약, 즉 사회의 다
양한 이해 당사자들을 한데 묶어 주는 균형은 위기로 인
해 악화될 수도 있고 악화되지 않을 수도 있다. 이상에서
향후 경제에는 논리적으로 네 가지 시나리오가 가능할 것
이다.

		사회 협약이 악화된다	
		아니다	그렇다
팬데믹을 단절로 본다	아니다	**시나리오 1** 투기 자본주의로 복귀	**시나리오 2** 불완전한 상태로 재가동
	그렇다	**시나리오 4** 합리적 경제로 전환	**시나리오 3** 심각한 사회 위기

　시나리오는 예언이 아니다. 뒤섞인 정보를 정리하기
위해 몇 가지 태그만 붙이는 것이다. 이것은 어떤 것도

예고하지 않고 오직 시대의 징후를 분별하고 해석할 뿐이다.

시나리오 1은 팬데믹을 단절로 인식하지 않고 사회협약도 악화되지 않는다고 가정하니 단순히 뒤로 되돌아가는 것을 의미할까? 그렇다면 우리는 단순히 아무런 의미도 없는 시절을 살았다는 것일까? 전혀 동의할 수 없는 시나리오다. 코로나19 이전의 경제와 문화를 다시는 접할 수 없기 때문이다. 우리는 개인적으로나 집단적으로 지역 봉쇄, 원격 근무, 여행 중단, 과학자의 모순과 무력감 같은 결코 지울 수 없는 경험을 했다. 이 과정에서 물건을 소비하고, 사물에 가치를 부여하고, 리더를 신뢰하고, 기술 도구를 사용하는 방법이 변했다. 이 모든 것을 경험하지 않은 것처럼, 이런 경험의 흔적이 전혀 남아 있지 않은 것처럼 삶이 다시 시작될 것이라고는 상상할 수 없을 것이다. 지금까지 우리에게 익숙한 경제가 아닌 다른 경제를 상상할 수 있는 지적, 문화적, 정신적 자원이 없을 때, 확실히 팬데믹은 단순히 나쁜 시기였고 우리는 과거의 '정상적인' 상태로 돌아가야 한다고, 다시 말해 경제라는 기계에 연료를 공급하고 '이전과 같은' 활동 수준을 유지하기 위해 뛰어다니면서 새로운 투기의 이유를 찾아야 한다고 생각할 수 있다. 그러나 이것은 대대수가 믿지 않는 시나리오다.

왜 믿지 못할까? 이번 팬데믹 이전의 투기 논리에서 뭔가 깨져 버린 것 같다. 많은 이에게 만족감을 주었던 끊임없이 뛰어다니던 활동은 힘을 잃었다. 물론 우리는 다시 가벼운 외출이나 여행과 소비를 하고 싶고 어떻게든 그런 것을 되찾을 것이다. 사회는 진공을 싫어하는 법이다. 분명 내년 봄이나 여름에는 놀라운 소비 활동의 재개와 전례 없는 경기 회복에 대해 이야기할 것이다. 우리가 겪고 있는 잔인한 우울증 이후에는 모든 것이 '정상'으로의 회귀로 지나치게 해석될 것이다. 하지만 나는 2022년의 그 '정상'이 2010년대의 '정상'과 같을지는 의문이다. 의미의 요구는 명백한 사실이 되었다. 그리고 팬데믹은 앞으로 몇 년 동안 우리를 맴돌고 오랫동안 우리의 정신에 스며들 것이다.

그러나 이 강박적인 위험은 정확히 우리를 망가뜨릴 기술과 투자에 대한 투기로 이어질 수 있지 않을까? 가능성은 있지만 그 부작용이 2010년대의 투기 논리를 깨뜨렸기 때문에 의심스럽다. 팬데믹 위기 관리는 엘리트와 학자와 전문가뿐 아니라 그들이 사용하는 기술에 대한 깊은 불신을 드러냈다. 여기서 다시 말하지만, 대중적인 미신에 마법의 해결책처럼 제시되는 로봇, 인공지능, 데이터베이스 및 기타 기술에 우리의 운명을 맡기면 미래의 전염병 위험에서 벗어날 수 있다고 설명하기 위해 모든 투기꾼들이 투입할 에너지를 절대 무시할 수가 없을 것 같다. 이미 기적적인 백신이나, 미래의 전염병을 탐지하고 우리 건강을 세세한 부분까지 통제할 수 있는 전문 기계 등을 약속받고 있지만, 일반적인 기억 상실증을 제외하고는 몇 달 동안 어떤 기술이나 전문가도 사소한 바이러스로부터 우리를 보호하지 못했음을 기억할 것이다. 우리는 '학자들'의 절대적인 확실성과 그들 행동의 실제 효과 사이의 불일치를 경험했다. 이것은 사람들의 사고방식 깊은 곳에 회의론을 남겨 내일에 대한 투기 약속의 신뢰감을 떨어뜨릴 것이다.

그렇다면 우리는 시대를 바꾸게 될까? 시나리오 2를 자세히 들여다보면 그렇지 않을 것 같다. 이 시나리오는 코로나 위기가 경제에 큰 타격은 입혔지만 사회 협약은 위기를 피할 수 있을 만큼 충분히 강하다는 가정에 근거해 있다. 공적부조는 불평등의 증가를 가리고 미래에 대한 불확실성을 줄여 주었다. 공공 부채는 낙하산 역할을 충분히 해 주었다. 그 결과 프랑스인들은 팬데믹 동안 1000억 유로 이상을 저축하고 수십억 유로를 잘 사용할 수 있었다. 이를 기반으로 경제가 다시 가동될 수 있지만 그것은 불완전한 상태, 즉 지난 수십 년과 같이 열광적이지도 않고 확신도 없이 파산을 막을 정도일 것이다. 습관의 힘, 일자리를 위해 사업을 다시 살려야 할 필요성, 모든 규제를 없애려는 욕구도 있지만, 그 무엇보다도 생활 방식의 너무 급진적인 변화에 대한 두려움 때문에 많은 사람들이 '이전처럼' 돌아가는 것을 받아들일 것이다. 단기적으로 가장 가능성이 커 보이는 것은 중간에 있는 이 시나리오다. 사회 협약의 붕괴, 엘리트와의 격차, 의미와 공공성의 상실, 더 공정하고 평화로운 사회에 대한 열망이 강조되겠지만, 어떻게 해서든 경제라는 기계를 돌려야 할 필요성에 의해 이 모든 것이 다시 한번 가려질 것이다.

이것은 우리가 보다 합리적인 경제, 즉 물리적이든 인적이든 더 적은 에너지를 소비하면서 자본의 한계 없는 가치와 수익률에 덜 집중하는 경제를 촉진할 기회를 놓쳤다는 뜻일까? 역설적이지만 그런 경제를 예상하는 시나리오 4가 장기적으로는 가장 안전한 것으로 보인다. 언젠가는 그곳에 도달해야 할 것이다. 팬데믹 위기는 아마도 이 시나리오를 더 앞당길 기회였을 수도 있지만, 위에서 언급한, 사람들이 불완전한 상태의 경제를 '이전처럼' 다시 시작하는 것을 선호한다는 이유 외에도 생활 방식의 급격한 변화는 (그것이 더 합리적인 것이 될 텐데도) 거의 모든 경제 부문이 근본적으로 개혁되어야 하고 강력한 사회 붕괴를 일으킬 것이기 때문에 공적 영역에서든 사적 영역에서든 이런 결과를 받아들일 준비가 된 지도자는 거의 없을 것이다.

그러나 변화는 이미 진행 중이다. 위기와 함께 우리는 더 공정한 소비방식을 경험했고, 세계화의 한계를 인식했으며, 생산이 환경에 미치는 직접적인 영향을 보았고, 새로운 형태의 연대도 경험했다. 물론 아마존은 모든 전자상거래와 마찬가지로 높은 시장 점유율을 얻었지만, 그와 동시에 지역 경제를 변화시키는 자주적 행동도 확인되고 장려되고 있다. 소비자 교육은 시간이 걸리는 남은 과제이고 더 합리적인 경제적 요구 사항에 대한 기업의 적응도 필요하다. 그러나 이 과정은 진행 중이며, 또 우리는 팬데믹을 통해서 더 많은 이유와 의미를 갖고서 생산하고 소비할 수 있음을 확인했다.

결과적으로 현재 가장 가능성이 높다고 생각되는 시나리오 2에서는 시간과의 싸움이 벌어지고 있다. '예전과 같은 재출발'이라는 인상을 넘어서서 더 합리적인 경제를 향한 전환이 수많은 지역 단체들이 주도하고 양식 있는 공공 및 민간 정책들이 지원하며 진행되고 있다. 이런 작은 단계를 거쳐서 우리는 천천히 새로운 생산 및 소비 시스템을 향해 나아갈 것이다. 아니면 우리는 '이전처럼 다시 시작한다'고 믿는 거짓 재출발에 함몰되거나 개인과 집단의 무기력에 빠져 생산 장치의 변화를 지연시킬 수도 있다. 이렇게 되면 불평등이 심화되고 엘리트에 대한 불신이 굳어지며 미래에 대한 신뢰 상실이 확산되면서 사회

협약이 경색되다가 갑자기 해체될 것이다. 이것이 바로 시나리오 3의 예상치 못한 폭력적인 사회적 붕괴인데, 이 때 우리는 그 위급성과 필요성으로 인해 신중함으로는 수 행할 수 없을 개혁에 착수해야 할 것이다.

감사의 말

이 책은 종종 은밀하지만 나에게 많은 깨달음을 주는 동료들, 학생들, 내가 협력하는 회사의 사람들과 진행해 온 많은 교류의 결실이다. 열띤 토론을 펼쳤던 롤랑 베세네, 세바스티앵 데리외, 세바스티앵 윈스턴에게 특히 감사드린다. 인내심을 갖고 원고를 읽어 주면서 자비롭게 손봐 준 로맹 슈발레, 솔베이그 돕, 질 마리옹, 시몽 로시, 로랑 타스킨과 조엘 베롱뒤랑의 도움은 매우 귀중했다. 그들은 중요한 지점을 고쳐 주었고 내가 이 책에서 펼치는 주장에 대해 다양한 해석이 가능하다는 점을 알려 주었다. 브누아 샹트르의 격려와 조언은 원고를 명료하게 하고 완성도를 높이는 데에 큰 도움이 되었다. 특히 스스로의 증언과 기대를 통해서 나로 하여금 이 이야기를 쓰도록 영감을 준 익명의 사람들에게 감사의 말을 전하고 싶다.

옮긴이의 말

이 책은, 프랑스 리옹대학 경영대학원의 피에르이브 고메즈(Pierre-Yves Gomez) 교수가 쓴 *L'esprit malin du capitalisme*(Desclée De Brouwer, 2019)의 2022년 증보판을 우리말로 옮긴 것이다.

고메즈는 첫 번째 저서 『관습 이론(Qualité et Théorie des conventions)』(1994)에서 개인의 행동을 설명하면서 개인의 신념을 도외시하는 주류 경제학의 신자유주의 관점을 뒤집는 '관습 이론'을 제시한다. 개인과 집단 행동의 저변에는 공유된 신념이 흐르고 있다는 것이다. 관습 이론의 바탕이 된 문제의식을 들어 보자.

"신자유주의의 서사와, 내가 '관습'이라고 부른 신자유주의의 신념 체계를 문제 삼지 않는 한 신자유주의와 그 서사는 계속해서 권력자들의 관행을 정당화할 것이다. 그것은 확실히 지난 40년 동안 비판을 받아 왔지만, 오늘날 경제 상황을 신자유주의만큼 일관성 있게 설명할 수 있는 또 다른 서사, 또 다른 신념 체계만이 제대로 이의를 제기할 수 있다."[1]

이러한 맥락에서 고메즈는 초교파적이고 대안적인 학제 간, 대학 간 프로그램인 '기독교 인류학 및 비즈니스 연구그룹(GRACE)'을 창설한다. GRACE는 경제인(호모 이코노미쿠스)이라는 주류 경제학의 자유주의적 토대가 아니라 기독교적 사회 교리가 뒷받침하는 인간에 기초를 두고 비즈니스 분석을 개발하고 수행한다. 여기서 고메즈는 기업 시배구조(거버넌스)에 대한 연구로 나아가, 기업의 지배구조와 사회적 책임을 연구하는 '프랑스기업지배구조연구소(IFGE)'를 이끌고 있다. 2008년부터는 대중 토론과 언론에 참여하면서《르 몽드》경제란에 월간 칼럼을 기고하고 있다. 2011년 1월에는 프랑스 경영학회 회장으로 선출되기도 하였다.

2010년대부터 고메즈의 관심은 기업 지배구조에서 노동, 즉 일의 문제로 확장된다. 거버넌스를 단순히 제도와 권력 체계로만 봐서는 안 된다는 것이다. 일하는 방식은 기업 안팎에서 인간의 통치를 강력하게 규정하는데, 금융화와 혁신 경쟁, 더 많은 연금 소득을 원하는 사람들의 일반적인 정신은 노동을 추상적이고 눈에 보이지 않는 상품으로 만들어 버렸다.[2] 고메즈는 특히 시몬 베유, 한나 아렌트, 피에르 조제프 프루동과 같은 정치철학자들에게서 구체적인 실천 방안을 끌어온다.

『보이지 않는 일』,『노동의 지혜』,『투기 자본주의(원제: 자본주의의 영악한 정신)』와 같은 최근 저서는 한편으로 소비와 소득에 대한 욕구를 통하지 않고는 '함께 사는 것'에 이를 수 없는 노동의 근본적인 인류학적 차원을 강조하고, 다른 한편으로 '함께 살아가는' 일하는 방법에 대한 의미를 강조한다. "자유에 대한 두 가지 욕구가 두 부류의 시민에게 영감을 주고 있다. 어떤 부류의 시민은 자신이 소비할 수 있는 모든 것을 과시하는 것을 자랑스럽게 생각하고, 다른 부류의 시민들은 스스로를 유용하다고 느끼면서 자존심을 찾고 있다. 이것이 존재의 행복을 즐기며 함께 살아가는 두 가지 방법이다."[3]

고메즈는 시민들이 일에 대해 어떻게 생각하는가가 중요한 문제라고 주장하는데, 그 이유는 "사회적 제약과 경제 구조를 규정하는 '일에 대한 생각'이 일을 하는 당사자들에 의해 규제받지 않는다면, 이런 사회적 제약과 경제적 구조는 '겉으로만 자유로운' '시민-소비자'가 걸려드는 거미줄이 되기 때문이다."[4]

일/노동에 대한 그의 천착은 마침내 현대 자본주의 전반의 성격을 규정하는 작업에 이르렀다. 그 결과가 바로 이 책 『투기 자본주의』다. 이 책은 현대 자본주의에 대한 비판적 고찰에 새로운 관점을 열어 준다. 고메즈가 보기에 오늘날 자본주의 정신은 신자유주의 이데올로기만이 아니라, 그 자체로는 합리적으로 보이는 독립적인 수많은 선택과 결정 과정에서 나오는 새로운 투기 자본주의의 논리가 지배하고 있다.

투기 자본주의 논리는 "자신들 작업에 의미를 부여해 줄 영감을 가진 건축가를 결국 찾아낼 것"이라는 직관에 의존하는 '건축가 없는 건축업자들'이라는 비유로 요약되고 있다. 실게도 없이 건물을 짓는 건축업자의 논리가 투기 자본주의의 논리라는 말이다. 애석하게도 이 건축업자들은 벽을 쌓아 나갈수록 자신들이 "길을 잃고 마는 미로를 만들고 있음을 깨닫게 된다."

왜냐하면 설계도 없는 건축업자와 마찬가지로 자본주의 정신은 출구에 대해 아무런 계획도 없기 때문이다. 그들이 할 수 있는 일은 "자신이 사라져야만 이 터무니없는 확장을 막을 수 있다고 막연히 예상하면서 계속 건물을 짓는 것뿐이다." 책의 원제에서 자본주의 정신을 수식하는 형용사 '영악한(malin)'은 '교활'하고 '약삭빠르다'는 이중의 의미를 지니고 있다. 이 형용사는 투기 자본주의 시스템이 가진 강력한 회복력과 몰상식한 성격을 함께 강조하는 것 같다.

이 책의 강점 중 하나는 투기가 "현재의 부채를 청산할 수 있을 정도로 강력한 미래의 변화"에 대한 믿음이며 따라서 금융 자본주의의 부차적인 측면이 아니라 바로 그 원동력이라는 점을 설득력 있게 보여 준다는 것이다. 금융화 운동은 실제로 수백만 명의 저축자, 퇴직자 및 기타 소시민들의 소득 수준 보호라는 사회적 필요성에서 출발했다. 기업, 상품, 서비스, 심지어 사람의 미래 가치에 대한 공유된 믿음을 바탕으로 하는 투기 자본주의는 스스로를 인적 자본이라고 생각하는 자본가들처럼, 수많은 시민들을 개미투자자로 만드는 자본주의로 변화시켰다는 것이 고메즈의 설명이다.

투기 자본주의 논리에 따르면 우리의 미래는 너무 풍요로워 쌓여 가는 부채를 걱정할 필요가 없다. 부채는 미래의 성과에 의해 상환될 것이기 때문이다. 마찬가지로 인간이 지구를 황폐화했지만 이는 기적 같은 기술에 의해 쉽게 회복되고 '증강'될 수 있을 것이다. 투기 자본주의가 우리에게 한 약속이 바로 이런 것이다.

투기 자본주의는 모든 것을 상품으로 전환하고 미래를 담보로 보장함으로써, 성장률 둔화에도 불구하고 이윤을 유지하려는 실패가 예정된 경쟁에 뛰어들었다. 늘어만 가는 부채는 우연한 일이 아니다. 부채 증가는 시스템의 안정성이 미래의 기대 이익에 갈수록 더 많이 의존하는 투기 자본주의 시스템의 논리에 포함된 것이다. 고메즈는 온갖 자본 증식의 약속이 도처에서 행해지고 있으며, 이 시스템이 갈수록 더 불확실한 미래 예측에 의존해 있음을 보여 준다.

이런 예측은 디지털 혁명이라는 신화와, 과거의 기적이 반복될 것이며 "오늘의 SF는 내일의 현실"이라는 흔들리지 않는 믿음을 토대로 한다. 그러나 미래 성장의 약속 중 일부가 실현되더라도 늘어난 부채를 상환할 수 없는 것이 현실이라고 고메즈는 경고한다. 미래 세대에게 남겨진 지구 환경에 대한 책임은 말할 것도 없다.

오늘날 만연한 반(反)인문주의적 시각에 대한 고메즈의 비판도 주목할 만하다. 책 서두에 등장하는 친구들과의 대화에서 언급되었던, 지구 온난화 같은 문제는 모두 인간 때문이라는 통념에 대한 비판이다.

"인간을 중죄인으로 여기는 것은 인간이 지금 여기서 경험하는 구체적인 소비와 생산과 그 상호작용에 대한 비판을 면제해 주는 것이다." 그것은 사회의 경제 기능을 도외시하는 것이다. "인간이 약탈자가 된 것은 특정한 경제 사회 시스템이 부추겼기 때문이다. 그런데 이 시스템의 부추김은 달콤하고 간악하며, 터무니없는 이 세상을 계속 이어 나가라는 것 외에는 겉으로는 아무 요구도 하지 않는다." 이 특정한 시스템이 바로 '투기 자본주의'다.

인간이 모든 문제의 근원이라는 익숙한 통념은 "인간 속성을 파괴하여 인간을 몰염치한 존재로 만든 제도에 대한 비판을 인간에게 전가하는 것"이다. 그 결과 피해자가 가해자로 변하고, 경제는 아무런 책임도 없는 것이 된다. 인간성을 비판하는 반인본주의적 운명론과 경제 숙명론은 서로 공조하고 있음을 깨달아야 한다고 고메즈는 외치고 있다.

고메즈는 그러나 섣불리 출구를 제시하지 않으려고 조심한다. 그는 미래 세계는 "자본주의 정신이 오늘날 우리에게 상상하게 하는 것과는 같지 않을 것"이라고 담담히 주장하면서, 투기의 미로에서 벗어나기 위해 일상에서 행동하면서 현실에 대해 '발언'하는 다수의 사람들에게 희망을 걸고 있다.

주

프롤로그 이 책의 의도

1 Pierre-Yves Gomez, *Le Travail invisible, enquête sur une disparition* (François Bourin, 2013; 포켓판 재발행, Desclée de Brouwer, 2018)

1장 시작하면서

1 혹자는 영어의 '연기금'을 프랑스어로 문자 그대로 옮긴 '연금 기금'이라는 용어를 사용한다. 그러나 이것은 실제로는 연금 금고다. 장기적으로 연금 수령자에게 지불하기 위해 직원들로부터 기여금을 받아 축적한다. 문제는 연금 시스템상 기여금 징수와 연금 지급 사이에서, 연기금 기관이 축적한 자본을 어떻게 관리하느냐 하는 것이다.

2 이 빅뱅이 일어난 시기가 1980년 이전, 로널드 레이건이 집권하기 전이었다는 사실을 지적하고 넘어가자. 신자유주의자들은 이미 일어나고 있던 흔들림을 더 증폭시켰을 뿐이다.

3 국제증권거래소연맹에 따르면 전 세계에는 200여 개의 증권거래소가

있다. 이들 증권거래소에 미주 대륙에서는 미국 4500개, 캐나다 3600
개를 포함한 약 1만 개의 회사가 상장되어 있으며, 아시아 태평양 지
역에서는 중국 3개 거래소에 5000개, 일본 3500개, 한국 2000개 회사
를 포함한 약 2만 7000개의 회사가 상장되어 있다. 유럽 지역은 9500
개, 기타 국가에서는 3000개의 회사가 상장되어 있다. 전 세계 기업 수
천만 개 중 상장 기업은 약 5만 개에 불과하며, 그중에서도 일반 거래
대상 기업은 40퍼센트에 불과하다.(World Federation of Exchanges
membership, 2018, *Full Year Highlights Report*)

2장 스프레드시트 기업으로의 변신

1   The Institute For Mergers, *Acquisitions and Alliances, Annual report*,
    https://imaa-institute.org/mergers-and-acquisitions-statistics/.

2   World Federation of Exchanges Membership, 2018, op. cit.

3   United Nations Conference on Trade and Development, *Trade and
    Development Report 2017*, p. 125.

4   Pierre-Yves Gomez et Simon Rossi, "Les grandes entreprises sont-elles
    (encore) françaises?", *Preuves à l'appui*, IFGE, 2018.

5   '파괴적 혁신'이라는 말이 등장한 것도, 변화를 규정하는 단어 역시 투
    기적 비영속성에 대한 관심을 유지하기 위해 정기적으로 변경되어야
    하기 때문이다. 조직에서는 그룹, 전문가 및 컨설턴트와 함께 '변화 관
    리'가 등장한 1980년대부터 '변화'에 대해 이야기해 왔다. '조직 변화'는
    국가 프로젝트 역할을 하는 끝없는 '개혁 정책'에 의해 수십 년 동안 추
    진된 공공 영역과 사기업 모두 해당하는 오늘날 사회의 전형적인 지배
    방식이다.(파괴적 혁신은 업계를 완전히 재편성하고 시장을 대부분 점
    유하게 될 신제품이나 서비스를 가리키는 신조어다. ─ 옮긴이)

6   관리자는 정보 시스템에 자료를 제공하기 위해 작업 시간의 거의 절반
    을 모니터 앞에서 보낸다. *Le Travail invisible*, p. 194 참조.

3장 상인과 테크노크라트

1 앞서 언급한 칼 폴라니가 19세기에 생겨난 '시장'의 정치적 구성에 대
해 서술한 대표작을 참조할 것. Karl Polanyi, *La Grande Transformation*
(Gallimard, 1983; 원판 1944). 중세학자 실뱅 피롱은 최근 저서에서 공
정가격 논쟁의 신학적 기원에 관한 뛰어난 연구를 발표했다. Sylvain
Piron, *Occupation du monde*(Zonee Sensibles, 2018). 피롱은 피에르 드
장 올리비의 책 서문에서 언급한 분석을 계속해 나간다. Pierre de Jean
Olivi, *Traité des contrats*(Belles Lettres, 2012).

2 Sylvain Piron, *Occupation du monde*, op. cit 참조. 경제에서의 가치 평
가 과정에 관한 문제에 대해서는 다음의 작지만 풍부한 종합 보고서
를 참조할 것. Gilles Marion, *Le Consommateur coproducteur de valeur.
L'axiologie de la consommation*(EMS, 2016). 여기서는 오늘날 사회과학
의 대다수 이론을 논하고 있다.

3 여기서 문제가 되는 '가치'는 투자자보다 주식의 장기 소유 주주가 더
섞기 때문에 이 용어는 모호한 면이 있다. 투자자는 새롭고 특별한 형태
의 자본 보유자, 정확히는 투기적 논리에 이끌려 이것을 단순한 상품으
로 보는 사람들이다. Pierre-Yves Gomez et Harry Korine, *L'Entreprise
dans la démocratie*(De Boeck, 2009) 참조. 특히 최근 주주와 투자자의
구분에 대한 6장을 볼 것.

4 이 계급을 규정하는 표현은 중역, 관리자, 기획자 계급 등 다양하
다. James Burnham, *L'Ère des Organisateurs*(Calmann-Lévy, 1947;
원판 1940, 원제 *The Managerial Revolution*). 가끔 경영관리주의
(managérialisme)로도 불린다. 나는 이것을 기획 테크노크라시라고 부
른다. 왜냐하면 이들의 정당성과 권력은 경제와 조직이 번영을 보장하
도록 계획하는 능력에 기반하기 때문이다.

5 레옹 블룸(Leon Blum)이 제임스 버넘의 『경영자 혁명(L'Ère
des Organisateurs)』에 쓴 서문과 조르주 귀르비치가 편집한 사
회학연구원 세미나 토론집, Georges Gurvitch, *Industrialisation
et Technocratie*(Armand Colin, 1949), 그중에서도 Gurvitch, *La*

Technocratie est-elle inévitable?, pp. 179~199 참조.

6   사실 관찰을 위해 이데올로기를 피하는 '경영 혁명'의 정치적 리얼
    리즘은 제임스 버넘의 다음 저서에서 분명하게 체계화되었다. James
    Burnham, *The Machiavellians: Defenders of Freedom*(Gateway Books,
    1987; 원판 1943).

7   비주주 경영자의 권력과 이들보다 유리한 조건인 주주 권력의 구분은
    대기업이 지배적이던 1930년대 미국에서 분명해졌다. 애돌프 벌리와
    가드너 민스의 유명한 저서 『현대 기업과 사유재산』은 이 구분을 명확
    히 확립했다.(Adolf Berle & Gardiner Means, *The Modern Corpoate and
    Private Property*(Brace World, 1932)). 그러나 버넘은 이런 상황에서
    주주의 무용성과 아울러 그가 '관리 사회'라 부르는 것을 이롭게 하느
    라고 자본주의가 불가피하게 소멸한다는 지적까지 하게 되었다.(특히
    『경영자 혁명』 7장을 볼 것.) 그 후 1950년대부터 경제학, 사회학, 정치
    학 분야에서 경영의 테크노크라시 현상 연구는 보편화되었다. 그 대표
    적인 연구는 다음과 같다. John Kenneth Galbraith, *The New Industrial
    State*(Houghton Mifflin, 1967); Alfred Chandler, *The Visible Hand: The
    Managerial Revolution in American Business*(Havard University Press,
    1977); Michel Crozier, *Le Phénomene bureaucratique*(Seuil, 1964);
    Alfred Sauvy, *La Bureaucratie*(PUF, coll. 'Que sais-je?', 1956).

4장 투기 테크노크라시

1   Michel Callon et al., *Sociologie des agencements marchands*(Presse des
    Mines, 2013).

2   노르베르트 엘리아스의 사회 발생 이론에서 영감을 얻을 수 있다. 이 책
    에서 조심스럽게 시도하는 것처럼 엘리아스도 개인들이 자신의 사회
    적 표현과 문화적 행동에 포함시킨 제약을 물질적인 변화와 연결 짓기
    때문이다. Norbert Elias, *La Civilisation des mœurs* et *La Dynamique de
    l'Occident*(Calmann-Lévy, 1975; 초판 1939). 물론 우리 분석은 합리적

지배에 관한 막스 베버의 분석과 일치한다.(Max Weber, Économie et société(Plon, 1971(1921)). 그러나 여기서는 인간 노동이 생산하는 경제적 가치를 '정당화'하는 것을 가능하게 하는 사회적 과정을 살펴보고자 한다. 그러므로 우리는, 베버에 따르면 오늘날 국가의 특성인 물리적 폭력의 독점보다는, 생산되고 교환되는 상품 가치를 정당화하는 독점, 다시 말해 '테크노크라시'가 행사하는 독점에 초점을 맞출 것이다. 담론과 물질적 장치를 구성하는 '관습 이론'에 관한 나의 연구를 참조할 것. Pierre-Yves Gomez, *Sur la théorie des conventions*, recueil de textes, IFGE, 2015.

3   조직이나 국가 간에 모방과 조정을 자극하는 방법으로서 '지체'라는 오랜 수사학에 대한 쥘리 부샤르의 작업을 참조할 것. 필요한 '변화'를 자극하는 것으로, 따라잡아야 하는 '지체'가 항상 있다는 것이다. Julie Bouchard, *Comment le retard vient aux Français. Analyse d'un discours sur la recherche, l'innovation et la compétitivité. 1940-1970*(Presses universitaires du Septentrion, coll. 'Information et communication', 2008).

5장   투기 자본주의, 첫 번째 접근

1   "이 항목은 본질적으로 — 물론 항상 그렇게 단순한 형태로 작동하는 것은 아니지만 — 변화를 기다려야 할 확실한 이유가 없는 한 현재 상황이 무기한 계속될 것이라는 기대에 기반을 두고 있다. 그렇다고 해서 우리가 이런 상황이 무기한 계속될 것이라고 정말로 생각했다는 의미는 아니다. 수많은 경험은 그러한 가설이 아주 불가능하다는 것을 가르쳐준다. (……) 그럼에도 불구하고 위에서 언급한 전통적인 계산 방법은, 계약 유지가 신뢰될 수 있는 한, 높은 수준의 비즈니스 연속성 및 안정성과 양립할 수 있는 것이다."(John Maynard Keynes, *Théorie générale de l'emploi, de l'intérêt et de la monnaie*, 1936, 12장)

2   Max Weber, *L'Éthique protestante et l'esprit du capitalisme*(Plon, 1964;

원판 1904~1905).

3   1848년에서 1849년 사이에 신용의 도덕성에 관한 유명한 논쟁에서 사회주의자 피에르 조제프 프루동과 자유주의 경제학자 프레데릭 바스티아 사이에 이런 논쟁이 벌어졌다. "은행의 자유! 신용의 자유! 오! 프루동 씨, 왜 당신의 맹렬한 선전이 이 방향을 취하지 않았습니까? 다른 모든 면에서 당신은 모든 사람의 권리와 교육, 즉 자유를 주장하지 않았습니까? 그런데 구매와 판매의 자유는 왜 요구하지 않습니까? 그리고 대여란 결국 사용의 판매, 시간의 판매가 아니라면 무엇이란 말입니까?"(Frédéric Bastiat, *Œuvres complètes*, tome V, 'Gratuité du crédit', 14 lettre, 1963, pp. 312~335. 강조는 인용자)

4   https://site.warrington.ufl.edu/ritter/ipo-data에서 제이 R. 리터(Jay R. Ritter) 플로리다대 교수의 데이터를 참조할 것.

5   하르트무트 로자가 잘 지적한 '사회의 가속화'는 이런 역전 현상의 원인이 아니고 이런 역전의 결과다. 로자는 우리 모두 경험하는 현상인 일상에서의 시간의 압축과 함께 전면적으로 가속화된 세상을 꼬집는다. 하지만 예컨대 "단위 시간에 더 많이 생산하려면 더 빨리 생산하는 것만이 해결책이다."(Hartmut Rosa, *Remède à l'accélération*, Philosophy Magazine editeur, p. 75)라고 말하면서 가속화를 축적 자본주의 경쟁의 '자연스러운' 결과로 간주한 것은 잘못이다. 왜냐하면 기계는 작업자가 꼭 '더 빠르게' 작업하지 않더라도 더 많은 것을 생산할 수 있기 때문이다. 노동이 강화된 것은 실제로 더 많이 생산하기 위해 필요한 경쟁 때문이 아니다. 나는 투기가 진짜 원인이라고 생각한다. 문제는 더 많이 생산하는 것이 아니라 더 많이 파괴하는 것이기 때문이다. 다시 말해 새로운 미래를 만들어 내기 위해 생산방식을 끊임없이 변화시켜야 하기 때문이다. 자본주의의 경쟁은 더 이상 생산품에 기반을 두고 있지 않다. 경쟁자보다 먼저 미래를(따라서 제품도) 변화시키겠다는 약속에 기반을 두고 있다. 명백한 가속화는 현재의 부채를 갚는 데 꼭 필요한 전대미문의 뛰어난 *미래*를 만들어 내기 위해서 동원된 지금의 부에 대한 지속적인 파괴의 결과다. Hartmut Rosa, *Accélération, une critique sociale du temps*(La Découverte, 2010) et *Aliénation et accélération*(La

Découverte, 2012).

6   영어의 '매몰 비용(sunk cost)'. Hal Arkes and Catherine Blumer, "The Psychology of Sunk Cost", *Organizational Behavior and Human Decision Processes*, 35(1), 1985, pp. 124~140 참조.

7   노벨 경제학상 수상자인 카너먼과 트버스키의 연구를 볼 것. 가령, Daniel Kahneman et Amos Tversky, "Prospect Theory: An Analysis of Decision under Risk", *Econometrica*, vol. 47, n° 2(mars 1979), pp. 263~291.

6장   신자유주의는 무엇을 위한 것일까?

1   중국도 포함된다. 13억 인구가 있는 이 나라는 서구처럼 축적적 또는 선형적 자본주의를 거치지 않고 바로 투기 자본주의로 진입했다.

2   이 학파의 중요한 경제학자인 젠슨과 메클링이 철학자같이 쓴 '인간의 본성'에 대한 서만한 논문은 신지유주의가 행하는 지적 화원주의의 전형일 것이다. Michael Jensen et William Meckling, "The Nature of Man", *The Journal of Applied Corporate Finance*, summer 1994, pp. 4~19. 스무 쪽에 달하는 이 논문에서 인간은 자원이 풍부하여(Ressouceful) 선택과 평가를 할 수 있고(Evaluative) 또 이를 최대화할(Maximizing) 수 있는 존재로 나온다. 이 저자들은 인간을 이렇게 보는 것이 경제적, 심리적, 사회학적 혹은 정치적 모델보다 인간의 모든 행동을 훨씬 더 잘 설명할 수 있다고 본다.

3   1978년부터 1979년까지 콜레주 드 프랑스에서 진행한 푸코의 강의를 살펴볼 필요가 있다. 특히 1979년 3월과 4월에 한 네 번의 강의에서 푸코는 새로운 자유주의 사상에 들어 있는 개인 해방의 약속을 정교하고도 호소력 있게 분석했다.

4   2장 참조.

5   Pierre-Yves Gomez, *Le Gouvernement de l'entreprise*(InterÉditions, 1996) 참조.

6   Herbert Marcuse, *L'Homme unidimensionnel*(Éditions du Minuit, 1968;
    원판 1964), p. 38. 매켄지와 밀로의 "신자유주의 경제학의 한 운동인
    옵션가격결정 이론이 성공을 거둔 이유는 그것이 기존 가격 결정의 모
    델을 발견했기 때문이 아니라 상인들의 지위가 그 가설을 더 정당한 것
    으로 만드는 방향으로 변했기 때문이고 또 이 이론이 거래 활동에 이
    용되었기 때문이다."라는 지적처럼, 이론 경제학도 여기서 예외가 아
    니다. Donald Mackenzi et Yuval Millo, "Construction d'un marché et
    performation théorique. Sociologie historique d'une bourse de produits
    dérivés financiere", *Réseaux*, 2003/6(n° 122), pp. 15~61. '경제학'의 성
    과에 대해서는 다음을 볼 것. Michel Callon, "What Does it Mean to
    Say that Economics is Performative?", in D. Mackenzi, F. Muniesa et
    L. Siu (coord.), *Do Economics Make Market? On the Perfomativity of
    Economics*(Princeton Univ. Press, 2007), pp. 311~357.

7장   거울 속의 나르시시스트

1   Georges Fridmann, *Le Travail en miettes*(Gallimard, 1964).
2   1994년 7월 18일, 62세의 로산나 델라 코르테가 기증된 수정란과 '기
    록적인 산부인과 전문의'인 세르베리노 안티노리의 도움으로 아들
    을 출산했다. 2018년 11월, 중국의 유전학자 허젠쿠이는 크리스퍼
    (CRISPR) 유전 기술을 사용하여 게놈이 변형된 쌍둥이 여아의 탄생
    을 발표했다.
3   이런 변화를 이해하는 데에 도움을 주는 다음 두 권의 책을 참조할
    것. Francois-Xavier Oliveau, *Microcapitalisme, vers un nouveau pacte
    social*(Presses Universitaires de France, 2017); Denis Pennel, *Travailler
    pour soi*(Seuil, 2013). 이에 대해서는 12장에서 다시 논의할 것이다.
4   세계보건기구(WHO)의 2017년 연례 세계 보건 통계 보고서(World
    Health Statistics Report)에 따르면 세계 인구의 25퍼센트가 일생의 어
    느 시점에서 정신장애를 앓고 있다. 이 수치의 타당성이 무엇이든 간에,

그런 보고는 정신 질환이 사회적으로 배타적이라는 것을 보여 준다. 특히 WHO는 정신 건강을 "모든 사람이 자신의 잠재력을 실현하고, 삶의 일상적 어려움에 대처하고, 지역사회에 기여할 수 있는 일을 성공적이고 생산적으로 할 수 있는 웰빙의 상태"로 정의하기 때문이다.(강조는 인용자) 피에르 드니케르 재단(Pierre Deniker Foundation)의 2018년 연구 『프랑스 노동자의 정신 건강(Santé mentale des actifs en France)』에 따르면 프랑스인의 22퍼센트가 정신장애로 이어지는 고통을 겪고 있다. 개인 생활과 직장 생활 사이의 불균형과 직장의 미래에 대한 걱정이 장애를 결정짓는 두 가지 주요 요인이다.

5   René Girard, *Je vois Satan tomber comme l'éclair*(Grasset, 1999).

6   나는 여기에서 벵자맹 샤파스의 박사학위 논문을 언급하고 싶다. Benjamin Chapas, *La Justification du 'prix' des dirigeants dans l'edéologie libérale. Une interprétation giradienne de la controverse publique sur la rémunération des dirigeants (1988-2008)*, Université Lyon-II, 2010.

7   Christopher Lasch, *La Culture du narcissisme*(Seuil, coll 'Champs essais', 2010). 서문은 장클로드 미셰아(Jean-Claude Michéa)가 썼다. 원판은 1979년에 나왔으며 프랑스어 초판은 '나르시스 콤플렉스'라는 제목으로 1981년에 출간되었다.

8   Ibid., p. 79.

8장   고장난 투기

1   Standard & Poors corporation.

2   ABC Bourse.

3   저축을 기업 자금으로 조달하는 1978년의 블랭(Blin)법과 그 40년 후에, 기업 자금 조달을 하나의 '단절'로 제시하는, 같은 주제에 유사한 조치를 취하는 2018년의 팍트(Pacte)법은 흥미로운 비교가 된다.

4   *Dares Analyses*, juillet 2014, n° 49.

5   www.crdia.org.

6   IFGE, *Les Entreprises françaises sont-elles encore francaises?*, 2018.

7   Janus Henderson, Global Dividend Index, 2019.

8   Arnaud de Lacoste, *Le Seigneur des robots*(Paris, Débats Publics, 2017), p. 29.

9장 엘리트의 리플레이와 승리

1   대규모 글로벌 컨설팅 기업은 '디지털 필수 사항'이라는 원칙을 세우고 있다. 예컨대 매킨지는 2011년부터 2014년까지 디지털 혁신의 영향에 관한 보고서 12건을 발표했다. 프랑스 국회도 2013년과 2014년에 각각 하나의 보고서를 발표했다. 공공 및 민간 분석은 디지털 가속화의 시급성에 대해 한목소리를 내고 있다. 정치 및 경영학 문헌에서 자주 나오는 '뉴프런티어'라는 용어는 케네디 대통령이 1960년 7월 15일 취임사에서 사용한 표현으로, 미국 문화에 매우 '진보적'인 반향을 불러일으켰다.

2   OECD, *ICT Investment*(indicateur), 2019.

3   '디지털화'라는 용어의 역사에 대해서는 다음을 볼 것. Scott Brennen et Daniel Kreiss, "Digitalization", in Klaus Bruhn Jensen et Robert T. Craig(coordinateurs), *The International Encyclopedia of Communication Theory and Philosophy*, JohnWiley & Sons, Inc. 2016, pp. 1~11.

4   Michael Rüssmann et al., "Industry 4.0: The Future of Productivity and Growth in Manufacturing Industries", *Boston Consulting Group*, 2015.

5   Accenture, *Performance digitale des entreprises francaises encore parcellaire : la transformation digitale peine à créer de la valeur*, Rapport 2016, p. 5.

6   McKinsey, *Accélérer la mutaion numerique des entreprises, un gisement de productivite et d'emploi*, Rapport 2014. 여기에 과학적인 주장은 들어 있지 않다. 나는, 이런 맥락에서 나와서 실무에 영향을 미친 경영 자료의 예로서 제시할 뿐이다.

7   Prices Waterhouse Coopers, *A decade of digital Keeping pace with*

transformation, Étude 2018, p. 5.

8   Accenture, *Performance digitale des entreprises françaises encore parcellaire*, op. cit., p. 10.

9   Conférence des Nations unies sur le commerce et le développement, *L'investissement dans le monde repères et vue d'ensemble*. Rapport 2017, p. 35.

10   Félix Bonnetête et Nicolas Bignon, *La Création d'entreprise en 2016*, *INSEE Première*, nº 1631.

11   France Stratégie, *Mobiliser l'épargne pour le financement des start-ups*, janvier 2017.

12   2017년 라스베이거스에서 열린 국제전자제품박람회(CES)에 참석한 프랑스 스타트업 엘리트 창업자 206명을 대상으로 그랑제콜 협회(CGE)가 실시한 설문조사. 그중 73퍼센트는 경영 교육의 엘리트 학교에서 기본 또는 추가 학위를 받았고 독학은 4퍼센트에 불과했다.

13   Ernst & Young, *La performance économique et sociale des start-ups numériques en France*, Baromètre 2017. 312개 기업을 대상으로 한 수치다.

14   5장 참조.

15   The Global Unicorn Club, 2018.

10장   디지털 플랫폼 기업으로의 변신

1   나는 인터넷에 대한 이런 슬로건에 주목하는데, 디지털화가 실제로 무엇인지 분명하게 말하기 힘든 문헌이 상당히 많이 나온다. 이리하여 영국의 회계감사 기업인 프라이스워터하우스쿠퍼스(PwC)의 2017년 보고서는 이렇게 적고 있다. "디지털로 커버되는 구역이 계속 늘어나고 있다. 2007년 우리의 첫 보고서에서 디지털은 '정보처리'의 또 다른 이름이었다. 오늘날은 정의가 바뀌고 있다. 경영진의 29퍼센트만이 우리가 같은 것을 이야기하고 있다고 생각할 뿐이다." PwC, *Globla Digital*

IQ Survey(2017), p. 8. 분명한 의미에서 디지털화는 무엇을 좇아야 할지 잘 모른 채 혁신을 향한 경쟁의 표현이 되었다.

2　조직과 관리의 디지털화를 설명하는 문헌들은 방대하고 종종 자기만족적인데, 세실 드주와 에마뉘엘 레옹의 저작은 진지하면서도 미묘한 종합을 제공한다. Cécile Dejoux et Emmanuelle Léon, *Métamorphose des managers à l'ère du numérique et de l'intelligence artificielle*(Pearson, 2018). 또한 루뱅대학교에서 이루어진 다음의 학술 연구를 참조할 것. Laurent Taskin, "La déspatialisation: enjeu de gestion", *Revue française de Gestion*, 202(3), 61-76, 2010. Céline Donis et Laurent Taskin, "Résistance par l'espace dans le contexte de mise en oeuvre de bureaux partagés: une approche par la territorialité", *RIMHE: Revue interdisciplinaire management, homme et entreprise*, vol. 26, n° 1, pp. 73~85(printemps), 2017. 비즈니스 사례는 다음 논문에서 광범휘하게 연구되었다. Marie Antoine, *Unveiling the Organisational Identity: a spatial approach based on the office. The Case of ores Picardy wallonia transition towards an activity-based workspace*, thèse de doctorat de l'Université de Louvain, 2018.

3　이 사례에 대해서는 다음을 참조할 것. Roamin Chevallet et Pierre-Yves Gomez, "Impacts des technologies de l'information sur la santé au travail. Hypothèses et interprétations à partir d'une observation expérimentale", *Revue française de Gestion*, vol. 37, n° 214, 2011, pp. 107~125.

11장　투기의 새로운 영역 확장

1　Michel de Certeau, *L'Invention du quotidien*(Galliamrd, 1980), tome II.
2　나는 전작에서 무상 노동의 여러 형태를 소개했다. Pierre-Yves Gomez, *Intelligence du travail*(Desclee de Brouwer, 2018).
3　Delphine Roy, "Le travail domestique: 60 milliards d'heures en 2010",

INSEE Première, n° 1423, 2012 참조. 가사 노동을 노동시간으로 환산하면 그 가치는 GDP의 15퍼센트에 해당하는 최소 약 2000억 유로로 추산된다. 비영리 단체의 자원봉사는 2019년에 정규직 거의 100만 개에 해당하는 일자리를 소화했다. 가사 노동만 해도 1인의 현역 노동시간의 12.5~20퍼센트를, 전문직 노동시간의 50퍼센트를 필요로 한다.

4   Jeremy Rifkin, *L'Âge de l'accès: la révolution de la nouvelle économie*(La Découverte, 2000); *La fin du travail*(La Découverte, 1996; édition originale 1995); *La Nouvelle Société du coût marginal zéro: l'internet des objets, l'émergence des communaux collaboratifs et l'éclipse du capitalisme*(Les Liens qui libèrent, 2014).

5   CRÉDOC, Enquêtes "Conditions de vie et Aspirations", Baromètres 2017.

6   CRÉDOC, *Baromètre du numérique 2017*, p. 174.

7   이 주장은 디지털화에 대한 대중 문헌의 기본 모티브가 되었다. 예를 들면 다음과 같다. Serge Abiteboul et Gilles Dowek, *Le Temps des algorithmes*(Le Pommier, 2017), 특히 "En finir avec le salariat" 및 "En finir avec la propriété", p. 66 이하; Stéphane Mallard, *Disruption*(Dunod, 2018), chapitre 5: "La fin inéluctable du salariat", p. 89 이하.

8   Bureau of Labor Statistics pour les États-Unis et Eurostat, *Le Travail independant en 2017*, pour l'Europe.

9   CRÉDOC, *Baromètre du numérique 2017*.

10   Robert Vaughan et Raphael Daverio, *Assessing the size and presence of the collaborative economy in Europe*(Etude PwC, 2016).

11   이런 경제, 특히 '클릭 노동'의 경제에 대해서는 안토니오 카실리, 그중에서도 다음을 참조할 것. Antonio Casilli, *En attendant les robots. Enquête sur le travail du clic*(Seuil, 2019).

12   올리비아 몽텔의 아주 자세한 연구를 참조할 것. Olivia Montel, *L'Économie des plateformes: enjeux pour la croissance, le travail, l'emploi et les politiques publiques*(Dares, document d'études, n° 213, 2016). 에어비앤비는 축적 자본주의에서 투기 자본주의로의 전환을 잘 보여 주는

사례다. 1967년에 출범한 세계 최고의 호텔 그룹인 아코르(Accor)는 65만 개의 호텔 객실(이비스, 머큐어, 풀먼 등)을 소유했다. 2008년에 탄생한 에어비앤비 플랫폼은 190개 이상의 국가에서 485만 개의 숙박 시설을 제공하지만 그중 하나도 소유하고 있지 않다. 에어비앤비는 이 플랫폼을 이용하는 수백만 명의 숙박 시설 소유자의 투기적 투자를 이용하고 있다.

13 Diana Farell et Fiona Greig, *Paycheks, Paydays and the Online Platform Economy*, JP Morgan Chase & Co. Institute, février 2016. Diana Farell et Fiona Greig, *The Online Platform Economy: What is the Growth Trajectory?*, JP Morgan Chase & Co. Institute, mars 2016.

14 http://www.lefigaro.fr, 2019. 6. 4.

12장 사면서 생산하기

1 Marie-Anne Dujarier, *Le travail du consommateur. De McDo à eBay: comment nous coproduisons ce que nous achetons*(La Découverte, 2008). 나는 여기서 소비자가 아닌 고객의 노동을 살펴볼 것이다. 왜냐하면 이런 노동이 수행되는 것은 소비 그 자체가 아니라 구매 행위에 있기 때문이다. 중요한 이 지점에 대해 나의 주의를 환기시킨 질 마리옹에게 감사드린다. 이 장은 정확하고 친절한 리뷰어에게 많은 빛을 지고 있다.

2 Hartmut Rosa, *Aliénation et accélération*(La Découverte, 2012).

3 Diminique Cardon, *À quoi rêvent les algorithmes. Nos vies à l'heure du Big data*(Seuil-République des idees, 2015), p. 12.

4 9장 참조.

5 Nicolas Colin et Henri Verdier, *L'Âge de la multitude: entreprendre et gouvenner après la révolution numérique*(Armand Colin, 2012). 우버 모델에 대한 파베르노벨(Fabernovel)의 흥미로운 연구도 참조할 것. https://www.fabernovel.com/insights/economie/uber-the-trasportation-virus-2.

13장 일하는 나르시시스트

1 X세대, Y세대, Z세대로 불리는 신세대는 많은 화제를 낳았다. 문화적 변화에 대한 나의 해석이 반드시 세대 가설에 의존한 것은 아니다. 그것은 한편으로 같은 연령대의 세대에 동일한 행동이 존재하는가에 대한 논쟁의 여지가 있고 의심할 여지 없이 세대 간 차이만큼 세대 내의 차이도 많기 때문이기도 하지만, 다른 한편으로 내가 여기서 설명하는 노동의 변화는 모든 연령대의 직원 사이에서 볼 수 있기 때문이다. 이런 결과에 젊은이들이 더 많이 관련된 것 같지는 않다. 디지털화와 함께 태어난 '디지털 네이티브'인 젊은이들은 일에 대한 다른 표현을 경험하지 못한 반면에, 나이가 든 사람들은 예컨대 '잘 된 일'에 대해서도 다양한 해석을 할 수 있다. 하지만 앞으로 수십 년 동안 투기 자본주의가 부상하면서 모든 노동자는 금융화 논리와 디지털화 논리를 '자연스러운' 것으로 여길 것이고 그에 따른 직장 내 행동도 마찬가지다. 그들은 다른 것을 경험하지 못할 것이다.

2 Pierre-Yves Gomez, *Le Travail invisible*, 12장 이하를 참조할 것.

3 Dares, *Enquête annuelle Activité et conditions d'emploi de la main-d'oeuvre sur le dialogue social en entreprises*, 2017. 운송 부문을 제외한 데이터.

4 Dares, *Conditions de travail*, Enquête 2019. Fabien Piazzon, *Absentéisme: alerte rouge. Panser et repenser le Travail*(Ayming Institute, 2018) 참조.

5 2013년부터 프랑스에서는 이에 관한 책이 열두 권 나왔는데, 이 책들은 로랑스 바네의 『행복한 인적자원, 수익도 있고 지속 가능한 직장의 행복』, 비르지니 드 루티스의 『사무실에서 행복을 감행하라: 사무실에서 실현할 수 있는 멋진 열 가지 기술』과 같이 많은 이야기를 던지는 제목을 달고 있다.(Laurence Vanhée, Happy RH. *Le bonheur au travail. Rentable et durable*, La Charte, 2013; Virginie de Lutis, *Osez le bonheur au travail ou Le bonheur au travail: 10 techniques imparables pour être épanoui au bureau*, 50.minutes.fr, 2015)

6 위생과 운송 분야에 대한 개인적 관찰.

14장 쓸데없는 빚 걱정

1   3장 참조.

2   Roberto Esposito, *Communitas: Origine et destin de la communauté*(PUF, 2007; 이탈리아어판 1998).

3   심층적인 사례 연구는 대규모 전력 네트워크 관리 회사의 작업 커뮤니티에 대한 세바스티앵 데리외의 훌륭한 논문을 참조할 것. Sébastien Dérieux, *La Transmission de la notion de travail bien fait dans l'entreprise. Une enquête sur le rôle de la mémoire des communautés de travail à ENDES (ex-ERDF)*, thèse en sciences de gestion, Université Jean Moulin Lyon-3, 2016.

4   David Graeber, *Dette: 5000 ans d'histoire*(Les Liens qui libèrent, 2013; 영어판 2011).

5   페르디난트 퇴니에스의 고전 『공동사회와 이익사회』를 참조할 것. Ferdinand Tönnies, *Gemeinschaft und Gesellschaft, 1887 — Communauté et société*(PUF, 2010). 퇴니에스는 오늘날 개인주의 사회와 '자연적인' 공동사회라는 두 원형의 대조를 근본적으로 밀고 나간다. "커뮤니티를 구성하는 것은 부분의 구별을 배제한 절대적 통일체다. 이 이름을 가질 가치가 있는 그룹은 서로 관련하여 서로 다른 개인의 조직화된 집합이 아니다. 그것은 전체 운동만 할 수 있는 불명확하고 조밀한 덩어리이며, 이들만이 대중 자체 또는 응집된 사람들 중 하나에 의해 지시된다. 누구도 타인들과 독립적으로 움직일 수 없는 요소들이다. 한마디로, 그것은 공동체 또는 가장 높은 완성도에 달한 공산주의라고 할 수도 있다. 전체는 홀로 존재한다. 그는 혼자서만 자신의 행동 영역을 갖는다."(Émile Durkheim, "Communauté et société selon Tönnies", *Revue philosophique*, 27, 1889, p. 416.)

6   이 문제와 이런 역사적 변화에 대해서는 다음을 볼 것. Pierre-Yves Gomez et Harry Korine, *L'Entreprise dans la démocratie*(De Boeck, 2009).

7   이 문헌에 대한 요약은 데리외의 논문 참조. Sébastien Dérieux, *La*

Transmission de la notion de travail bien fait dans l'entreprise···, op. cit, pp. 75~108. 또한 Jean Lave and Étienne Wenger, *Situated Learing: Legitimate Peripheral Participation*(Cambridge University Press, 1991); Etienne Wenger, *Communities of practice: learning, meaning, and identity* (Cambridge University Press, 1998) 참조.

8   이런 커뮤니티의 구조화와 그것이 전통적 유형의 새로운 공동체를 구성할 가능성에 대해서는 리오넬 시츠의 논문을 참조할 것. Lionel Sitz, *Communauté de marque: rôle des membres centraux dans son émergence, sa structuration et les liens avec son environnement*, Université Paris-12, 2006.

9   IMF, *New Data on Global Debt*, 2019.

10   Serdar Celik, Gul Demirtas et Mats Isaksson, "Corporate Bond Markets in a Time of Unconventional Moetary Policy", *OECD Capital Market Series*, 2019.

11   OECD, *Pension Funds in Focus*, 2018.

12   이산화탄소 저장에만 초점을 맞춘 논의의 경우 다음을 참조할 것. Adeline Gueret, Paul Malliet, Aurélien Saussay et Xavier Timbeau, "Une évaluation exploratopire de la dette climatique", *Policy Brief*, OFCE, 2018.

13   *Impacts, Risks, and Adaptation in the United States: Fourth National Climate Assessment*, vol. II, U.S. Global Change Research Program, Washington, DC, 2018.

14   International Panel on Climate Change, *Global warming of 1,5°C*, 2019.

15장 SF의 선용

1   Max Tegmark, *La Vie 3.0. Être humain à l'ère de l'intelligence artificielle* (Dunod, 2018).

2 Ibid., p. 54.

3 Yuval Noah Harari, *Sapiens: Une brève histoire de l'humanité*(Albin Michel, 2015), *Homo Deus: une brève histoire de l'avenir*(Albin Michel, 2017). 하라리가 2018년 7월 9일 자《르 푸앙(Le Point)》에 '세계에서 가장 중요한 사상가'로 소개된 것은 혼란스러운 오늘날 시대를 넘어서서 이런 생각을 대중에게 전파하려는 그의 치열한 작업을 보여 주고 있다. '데이터주의'는 데이비드 브룩스가 다음 기고문에서 처음 사용한 용어다. David Brooks, "The Philosophy of Data", *New York Times*, 4 fevrier 2013.

4 Yuval Harari, "On what the year 2050 has in store for humankind", *Wired*, 12 août 2018.

5 "철학은 우리의 눈에 계속 열려 있는 이 거대한 책에 기록되어 있지만 (나는 우주에 대해 말하고 있다.) 우리가 먼저 그 언어를 이해하고 그것이 쓰인 문자를 이해하는 법을 배우지 않으면 이해할 수 없다. 수학적 언어로 작성되어 있는데, 문자는 삼각형, 원 및 기타 기하학적 도형으로 되어 있어 단어를 이해할 수 없다."(『분석자』, 1634). 갈릴레이에게 이 수학적 기록은 무엇보다도 그 논리와 신이 인간에게 맡긴 해석 능력에 대한 경이로움의 원천이다.

6 "생존을 위한 투쟁은 매 순간 갱신되며 변화하는 존재는 그것이 아무리 작은 것이라도 자신에게 유익한 방식으로 더 큰 생존 기회를 갖게 된다. 이렇게 해서 이 존재는 자연선택의 대상이 된다."(『종의 기원』 서문)

7 Stéphane Mallard, *Disruption*, op. cit, p. 51.

8 인간을 '개선'하려는 트랜스휴머니즘과 혼종화를 꿈꾸는 포스트휴머니즘의 구분에 대해서는 다음을 볼 것. Luc Ferry, *La Révolution transhumaniste. Comment la technomédecine et l'ubérisation du monde vont bouleverser nos vies*(Plon, 2016).

9 Max Tegmark, *La Vie 3.0*, op. cit, p. 243.

10 아시모프의 네 가지 법칙은 다음과 같다. ① 로봇은 인간에게 해를 입히거나 수동적인 태도를 취함으로써 인간이 위험에 노출되도록 내버려 두어서는 안 된다. ② 로봇은 인간의 명령이 제1법칙에 위배되지 않는 한, 인간의 명령에 복종해야 한다. ③ 첫 번째 또는 두 번째 법

칙에 위배되지 않는 한 로봇은 자신의 존재를 보호해야 한다. ④ 로봇은 인류에게 해를 끼치거나 수동적인 태도를 취함으로써 인류가 악으로 고통받도록 내버려 두어서는 안 된다. 처음 세 가지 법칙은 소설 『아이, 로봇(I, Robot)』에 정의되어 있고 네 번째 법칙은 『로봇과 제국 (Robots and Empire)』에 정의되어 있다.

11 구글 알파벳 연구소장 애스트로 텔러(Astro Teller)의 말. Arnaud de Lacoste, *Le Seigneur des robots*, op. cit, p. 3에서 재인용.

12 BBC와의 인터뷰, 2014.

13 Günther Anders, *L'obsolescence de l'homme*(Ivrea, 2002; 원판 1956), p. 60.

14 Karl Marx, *Manuscrits de 1844*, 1er manuscrit, Garnier-Flammarion, p. 60.

15 Simone Weil, "L'Iliade ou le poème de la force", in *œuvres complètes*, II, tome 3(Galliamrd, 1989), p. 227.

16 Günther Anders, *L'obsolescence de l'homme*, op. cit., p. 45.

17 Ray Kurzweil, *The Singularity is Near: When Humans Transcend Biology*(Penguin, 2005). 이 신화에 대한 진중한 비판적 해석은 다음을 참조할 것. Jean-Gabriel Ganascia, *Le Mythe de la Singularité*(Seuil, 2017).

16장 미래의 독점

1 Herbert Marcuse, *L'Homme unidimensionnel*, op. cit. 특히 1부 "La société unidimensionnelle".

2 Ibid., p. 40.

3 Alois Schumpeter, *Capitalisme, socialisme et démocratie*(Payot, 1974(1942)), p. 119. 에리크 브라이스는 오스트리아 경제사상 가장 유명한 개념 중 하나이지만 효율성이 입증된 적 없는 이 개념이 슘페터의 저서 제7장에 단 한 번만 등장한다고 지적한다. Éric Briys, *D'or et d'airain*(Les Belles Lettres, 2017), p. 71.

4   전 세계적인 불평등 증가는 현재 잘 정리되어 있다. Branko Milanovic, *Global Inequality: A New Approach for the Age of Globalization*(Harvard University Press, 2018); Thomas Piketty, *Le Capitalisme au XXIe siècle*(Seuil, 2013).

5   가짜 뉴스와 소셜 네트워크에서 아이디어가 조작되는 이 시대는 하워드 라인골드가 수십억 명의 직접 연결(지적인 군중, 스마트 몹 등)과 '협력의 증폭'이 만들어 낼 집단지성의 긍정적인 효과를 예상하던 낙관적 시기와는 거리가 먼 것 같다. Howard Rheingold, *Foules intelligentes*(M2 Editions, 2005; 원판 2002).

6   최근에 나온 다음 저서를 참조할 것. Graham Allison, *Vers la guerre: L'Amérique et la Chine dans le piège de Thucydide?*(Oloide Jacob, 2019). 스톡홀름국제평화연구소(SIPRI) 2019년 보고서에 따르면 전 세계 군사비 지출은 GDP의 2.1퍼센트에 이르는데, 자국 GDP의 36퍼센트를 차지하는 미국과 16퍼센트를 차지하는 중국이 전 세계 군사비 지출의 절반을 차지하고 있다.

7   2015년 세계은행 보고서에 따르면 극빈층은 1990년 세계 인구의 37퍼센트에 달했고 2015년에는 10퍼센트 미만이다.

8   INSEE, *Évolution de la dépense et du pouvoir d'achat des ménages jusqu'en 2017. Données annuelles de 1960 à 2017*(2018) 참조. 1980년 이후 연간 증가율은 1.8퍼센트이다.

9   여기서 이런 추세를 상세히 설명하지는 않을 것이다. 나는 단지 이런 추세들의 접점과 이를 청산하는 방식을 지적하기 위해 투기 자본주의 논리와의 연관성을 밝히는 것에 만족하려 한다.

10 중국 제도의 진화/적응에 관한 알렉상드르 실레의 흥미로운 논문을 참조할 것. "4대 현대화가 공산주의를 대체하고, 실용주의가 이데올로기적 신념과 습관을 대체하고, 규율이 반란을 대체하고, 무엇보다도 국가가 프롤레타리아트와 농민을 대체했다." 투기 자본주의가 문화대혁명을 이끌었다고 요약할 수 있다. Alexandre Schiele, *La Chine postmaoïste: un état légiste au 20e siècle. Ananlyse socio-historique et analyse des discours de Deng Xiaping 1975-1992*, thèse de doctorat en

sciences politiques, UQAM, 2018, p. 478.

11 사이버네틱스의 역사에 대해서는 다음을 볼 것. Céline Lafontaine,
    L'Empire cybernétique: des machines à penser à la pensée machine(Seuil,
    2004); Fred Turner, *Le Cercle démocratique: le design multimédia, de la
    Seconde Guerre mondiale aux années psychédéliques*(C & F, 2016). 실리콘
    밸리와 히피 반문화의 관계에 대해서는 다음을 볼 것. Fred Turner, *Aux
    sources de l'utopie numérique: de la contre-culture à la cyberculture*(C & F,
    2013). 또한 다음을 참조. Stéphane Mallard, *Disruption*, op. cit., 13장
    "Méditations, neurosciences et drogue: la contre-culture du disrupteur".

12 André Gorz, *Écologie et Politique*(Seuil, 1978). André Gorz, *Ecologica*
    (Éditions Galilée, 2008).

13 Jacques Ellul, *Le Bluff Technologique*(Seuil, 1988). Alain Gras, *Fragilité
    de la puissance: se libérer de l'emprise technologique*(Fayard, 2003).

14 이런 흐름에 대한 문헌은 아주 풍부하다. Nicholas Georgescu-
    Roegen, *Demain la décroissance. Entrophie, écologie, économie*(Éditions
    Pierre-Marcel Favre, 1979); Serge Latouche et Didier Harpagès,
    Le Temps de la décroissance(Éditions Thierry Magnier, 2010); Serge
    Latouche, *Le Pari de la décroissance*(Fayard, 2006).

15 예브게니 모로조프는 아이러니하게도 이를 '기술 해결주의'라고 비
    꼰다. Evgeny Morozov, *Pour tout résoudre, cliquez ici! L'aberration du
    solutionnisme technologique*(FYP, 2014).

16 이런 '반동 효과'는 영국 경제학자 윌리엄 제번스가 관찰한 경제 효과
    다. 에너지가 부족하면 소비가 줄어들면서 대안 에너지를 찾는 비용
    도 낮아져서 장기적으로는 에너지 부족이 줄어들거나 심지어는 완전
    히 사라질 수도 있다는 것이다.

17 Jean-Pierre Dupuy, *Pour une catastrophisme éclairé*(Seuil, 2001). 훌륭한
    이 저서에서 뒤피는 일어날 만한 재앙의 예고는 그 재앙이 실현되지
    않도록 사람들의 마음가짐을 동원할 수 있다고 생각한다. 이것은 뒤
    피가 인용하는, 성경의 예언자 요나가 한 일이다. 요나는 하나님에 의
    한 임박한 멸망을 니느웨에 선언함으로써 주민들이 스스로를 회개하

도록 이끌었고 도시는 그렇게 해서 구원받았다. 이런 접근 방식은 '붕괴학자'들인 파블로 세르비뉴와 라파엘 스테방스에 의해 최근에 채택되어 체계화되고 있다. Pablo Servigne et Raphaël Stevens, *Comment tout peut s'effrondrer*(Seuil, 2015). 미래에 재앙을 투사한다는 것은 그것이 지금 이미 존재하는 것이 아니라는 사실에 주목하게 해 준 질 에리아르 뒤브뢰이(Gilles Hériard-Dubreuil)에게 감사한다. 산업 활동은 우리환경에 이제부터 돌이킬 수 없는 영향을 낳고 있고 낳을 것이다. 대재앙을 기다리거나 피하는 것은 여전히 *미래*에 베팅하는 것이다.

18 이에 대해서는 다음의 명쾌한 분석을 보라. Servigne et Stevens, *Comment tout peut s'effondrer*, op. cit., p. 219: "Pourquoi les gens n'y croient pas?".

19 특히 로버트 고든이 하는 주장이다. Robert Gordon, "The demise of U.S. economic growth: restatement, rebuttal, and reflections", *National Bureau of Economic Reseach*, working paper no 19895, février 2014.

20 Jean-Paul Sartre, *Critique de la raison dialectique*.

21 *Der Spiegel*, 1966. 9. 23. 인터뷰, 1976. 5. 31. 게재.

에필로그

1 Valère Novarina, *Devant la parole*, P.O.L., pp. 27~28.

2 Michel de Certeau, *La Prise de parole*(Desclée de Brouwer, 1968), p. 61.

증보판을 내면서

1 이 두 글은 2020년 5월 14일과 11월 16일에 알레테이아(Aleteia) 웹사이트(https://fr.aleteia.org/)와 개인 블로그(https://pierre-yves-gomez.fr/)에 게시되었다. 제목은 수정했다.

옮긴이의 말

1 ˝Il nous faut une doctrine alternative au récit néolibéral˝, Entretien avec Pierre-Yves Gomez par Johannes Herrmann et Foucauld Giuliani, *Revue Limite*, n° 4, Octobre 2016, p. 74.

2 Anne Rodier et Anne Rodier, ˝˝Le Travail invisible. Enquête sur une disparition˝, de Pierre-Yves Gomez˝, *Le Monde*, 19 mars 2013; Denis Clerc, ˝Le travail invisible. Enquête sur une disparition˝, sur *alternatives-economiques.fr* via Wikiwix(consulté le 10 octobre 2023); Régine Turmeau, ˝5 idées à retenir de *Intelligence du travail*˝[archive], *Les Échos*, 8 novembre 2016.

3 Pierre-Yves Gomez, *Intelligence du travail*(Desclée de Brouwer, 2016).

4 Jean Bastien, ˝ENTRETIEN—Autour d'*Intelligence du travail* avec Pierre-Yves Gomez˝, sur *Nonfiction*, 21 octobre 2016.

옮긴이 김진식

울산대학교 프랑스학과 명예교수. 서울대학교 불어불문학과를 졸업하고 같은 대학 대학원에서 박사 학위를 받았다. 주요 저서로『르네 지라르에 의지한 경제논리 비판』,『알베르 카뮈와 통일성의 미학』,『르네 지라르』,『모방이론으로 본 시장경제』가 있고 역서로 르네 지라르의『폭력과 성스러움』,『희생양』,『나는 사탄이 번개처럼 떨어지는 것을 본다』,『문화의 기원』,『그를 통해 스캔들이 왔다』, 대담집『클라우제비츠 전쟁론 완성하기』를 비롯해『카뮈: 부조리와 반항의 정신』, 장미셸 우구를리앙의『욕망의 탄생』, 다니엘 코엔의『유럽을 성찰하다』, 장피에르 뒤피의『경제와 미래』등이 있다.

투기 자본주의
성장의 약속은 계속될 것인가

1판 1쇄 찍음 2024년 11월 22일	한국어 판 ⓒ (주)민음사, 2024.
1판 1쇄 펴냄 2024년 11월 29일	Printed in Seoul, Korea
지은이 피에르이브 고메즈	ISBN 978-89-374-2829-6 (03300)
옮긴이 김진식	
발행인 박근섭·박상준	잘못 만들어진 책은
펴낸곳 (주)민음사	구입처에서 교환해 드립니다.

출판등록 1966. 5. 19. 제16-490호
서울시 강남구 도산대로 1길 62
강남출판문화센터 5층(06027)
대표전화 02-515-2000
팩시밀리 02-515-2007
홈페이지 www.minumsa.com